MARTINA AMON

111 High-Protein-Rezepte

Mit eiweißreichem Essen gesund, schlank und satt
Pflanzliches Eiweiß clever erhöhen

2. Auflage

humboldt

VORWORT

Liebe Leserin, lieber Leser,

über keinen Nährstoff wird in den letzten Jahren so viel diskutiert wie über das Eiweiß. Die Läden füllen sich mehr und mehr mit proteinreichen Lebensmitteln und der Trend will einfach kein Ende nehmen. Von Proteinpuddings über Eiweißbrote bis hin zu Süßigkeiten mit hohem Eiweißgehalt – dieser Nährstoff ist in aller Munde und aus keinem Supermarkt mehr wegzudenken.

Es begann mit kohlenhydratarmen Diäten, die gleichzeitig möglichst eiweißreich sein sollten. Ob Low-Carb-, Paleo- oder Atkins-Diät: Viele schwören seit Jahren auf mehr Eiweiß bei gleichzeitiger Verringerung der Kohlenhydrate. Aber was ist dran am Eiweißhype? Dies ist eine der spannenden Fragen, denen ich in diesem Buch nachgehen werde.

Seit über zehn Jahren begleite ich als Diätassistentin, Sozialpädagogin und Stressmanagementtrainerin Menschen auf ihrem Weg hin zu einem ausgeglicheneren Alltag mit mehr Gelassenheit und ausgewogener Ernährung. Vor allem beim Thema Abnehmen, aber auch bei Erkrankungen wie Bluthochdruck und Diabetes mellitus Typ 2 spielt Eiweiß eine bedeutende Rolle. Dabei fiel mir eines immer wieder auf: Viele Menschen essen überwiegend Kohlenhydrate und Fett. Empfehle ich ihnen, mehr Proteine in den Essensplan zu integrieren, denken die meisten in erster Linie an Fleisch, Fisch und Eier. Doch Eiweiße sind so viel mehr als das.

Mit diesem Buch möchte ich alle Menschen unterstützen, die ihre Ernährung durch mehr hochwertige Eiweiße bereichern möchten, ohne dabei automatisch mehr Fleisch essen zu müssen. Denn die Studienlage der letzten Jahre ist eindeutig: Hochwertige Proteine fördern unsere Gesundheit.

Ihre

Martina Amon

Instagram: martinaamon__foodcoaching

EIWEISS – DARUM IST ES SO WICHTIG

Warum ist Eiweiß unser absoluter Supernährstoff? Wie versorge ich mich optimal mit Proteinen und welche Quellen sind am effektivsten? Wie baue ich ausreichend Muskulatur auf? Wie kann ich mithilfe von Eiweißen langfristig abnehmen und länger satt bleiben?
All diesen Fragen gehen wir in diesem Kapitel auf den Grund und erarbeiten Schritt für Schritt Ihren individuellen Essensplan, der die perfekte Menge und Qualität an Proteinen enthält.

Der Supernährstoff Eiweiß

Eiweiße oder auch Proteine zählen neben Fetten und Kohlenhydraten zu unseren Hauptnährstoffen und sind erst seit Mitte des 19. Jahrhunderts bekannt. Zahlreiche Studien beschäftigen sich seither mit der Frage, wie gesundheitsförderlich bzw. schädlich bestimmte Eiweiße sind.

Seine komplexe Erscheinung

Die Welt der Eiweiße ist komplex. So bestehen Proteine aus kleinen Bausteinen, den sogenannten Aminosäuren. Diese Aminosäuren wiederum bestehen aus einer Grundstruktur aus Kohlenstoff, Wasserstoff, Stickstoff und Sauerstoff.

Körpereigenes Eiweiß ist wie ein komplexer Baukasten, in dem es 20 Bausteine in Form von verschiedenen Aminosäuren gibt. Diese 20 Bausteine werden benötigt, um Proteine im Körper aufzubauen. Von ihnen sind neun Aminosäuren unentbehrlich, was bedeutet, dass unser Körper sie selbst nicht herstellen kann, sondern auf ihre Aufnahme durch unser Essen angewiesen ist. Dazu zählen **Isoleucin, Leucin, Lysin, Methionin, Phenylalanin, Threonin, Tryptophan, Valin und Histidin.** Diese essentiellen Aminosäuren müssen regelmäßig über die Nahrung aufgenommen werden, andernfalls kann es zu Mangelerscheinungen kommen.

Anders sieht es bei den restlichen elf Bausteinen aus. Sie sind entbehrlich und können, sofern genügend Stickstoff vorhanden ist, vom Körper selbst hergestellt werden. Allein diese komplexe Stoffwechsellage der Eiweiße zeigt, von welch großer Bedeutung sie sind.

Vergleicht man den Prozess der Eiweiße mit dem Stoffwechsel von Kohlenhydraten, so ist Letzterer schnell und unkompliziert erklärbar: Kohlenhydrate werden zu einzelnen Molekülen gespalten, durch die Darmwand ins Blut aufgenommen und zu den Zellen transportiert, um sie mit Energie zu versorgen. Bei den Eiweißen hingegen findet ein komplexer Auf-, Ab- und Umbau statt.

Stoffwechselpusher

Eiweiße aus unserer Nahrung dienen hauptsächlich dazu, unseren Körper mit unentbehrlichen Aminosäuren und Stickstoff zu versorgen, die wir für den Aufbau von Proteinen benötigen. Dabei entstehen in unserem Körper beispielsweise Strukturproteine, Transportproteine, immunaktive Proteine oder auch stickstoffhaltige Verbindungen wie Enzyme und Hormone. Auch bei der Produktion von Stoffwechselprodukten wie Gallensäure oder dem Neurotransmitter Serotonin sind Aminosäuren beteiligt.

Sie sehen, Eiweiß spielt bei vielen Prozessen in unserem Stoffwechsel eine wichtige Rolle. Seine umfassenden Einflüsse sind sicherlich bis heute noch nicht abschließend geklärt, und auch die Studienlage lässt teilweise nur Vermutungen zu. Doch eines ist sicher: Eiweiß wird als Nahrungsbestandteil oft unterschätzt. Ein Grund mehr, ihm ein eigenes Buch zu widmen.

Eiweiß versorgt unseren Körper unter anderem mit Energie. Wie auch Kohlenhydrate liefern Eiweiße etwa 4 kcal Energie pro Gramm. Anders ist es beim Fett, das mit knapp 9 kcal pro Gramm etwa den doppelten Energiewert hat. Das Komplexe am Eiweiß ist, dass es durch nichts anderes ersetzt werden kann. Kohlenhydrate kann unser Körper in der Leber in Fett umwandeln, aus Fett und Eiweiß kann die Leber zudem Energie in Form von Kohlenhydraten bzw. Glukose gewinnen. Was unser Körper jedoch nicht kann: aus Kohlenhydraten oder Fetten Eiweiße herstellen. Diese müssen mit der Nahrung aufgenommen werden. Ein weiteres Indiz für seine besondere Rolle.

!

Eiweiße sind an vielen Stoffwechselprozessen beteiligt: Hormone, Verdauung, Immunsystem, Transport, Enzyme, und vieles mehr.

Gesundheitliche Aspekte von Eiweiß

!

Insbesondere im Zusammenhang mit unserem Gewicht ist Eiweiß ein ausschlaggebender Faktor.

Momentan gibt es kaum eine Wunderdiät, die nicht auf Proteine abzielt. Mal offensichtlicher, mal etwas versteckter: Mittlerweile ist Eiweiß ein fester Bestandteil, wenn es ums Abnehmen geht. Neben der Gewichtsthematik spielt es auch beim Thema Blutfette, Blutdruck, Diabetes mellitus Typ 2 und vielem mehr eine wichtige Rolle. Diese unterschiedlichen bedeutsamen Zusammenhänge möchte ich Ihnen im Folgenden näher erläutern.

Eiweiße und Abnehmen

Meist wird das viele Eiweiß in den Diäten dadurch erklärt, dass es den Stoffwechsel anregt. Aber wie genau funktioniert das? Und wie hilft die Aufnahme von mehr Eiweiß beim Abnehmen? Lassen Sie mich an dieser Stelle ein paar Studien heranziehen, um Ihnen die Effekte zu verdeutlichen.

Der Sättigungseffekt

In einer Metaanalyse mehrerer Studien verglich man eine Ernährung, die betont eiweißreich und gleichzeitig kohlenhydratreduziert war, mit einer Ernährungsform, die lediglich auf die Einsparung von Kalorien abzielte. In der Zusammenfassung wurde deutlich: Eine erhöhte Eiweißzufuhr hält uns länger satt und verringert dadurch unsere Kalorienaufnahme. Ausschlaggebend dafür sind unterschiedliche Botenstoffe, die diesen Prozess begünstigen.

Der Effekt der Thermogenese

Weitere Studien führen den Aspekt der Thermogenese an. Thermogenese beschreibt die Wärmebildung unseres Körpers bei ablaufenden Stoffwechselprozessen – bezogen auf unsere Nahrung und deren thermische Effekte. Abhängig ist dieser Effekt vom Alter, aber vor allem auch von der Nahrungszusammensetzung.

Dabei unterscheiden sich unsere Hauptnährstoffe deutlich voneinander: Zwei bis drei Prozent der Fette, fünf bis acht Prozent der Kohlenhydrate und 30 bis 40 Prozent der Proteine werden in Wärme umgewandelt und an die Umwelt abgegeben. Betrachten wir unseren Gesamtenergiebedarf, so werden etwa sieben bis 13 Prozent des täglichen Energieumsatzes auf den thermogenen Effekt zurückgeführt.

Vereinfacht ausgedrückt: Wer seine Eiweißaufnahme erhöht, erhöht auch seinen Energieverbrauch. Dies ist einer der Effekte, die belegen, dass Eiweiß unseren Stoffwechsel ankurbelt. Darüber hinaus gibt es den „spezifischen dynamischen Effekt", der besagt, dass beim Stoffwechsel von Eiweißen mehr Energie aufgewendet werden muss als bei anderen Nährstoffen.

Wie wir Fett abbauen und Muskeln erhalten

Wer schon einmal eine Diät gemacht oder versucht hat abzunehmen, der weiß, wie langwierig dieser Prozess sein kann. In meiner Beratung betreue ich unter anderem Personen mit starkem Übergewicht. Wenn das Gewicht kontinuierlich sinkt, wird mir häufig folgende Frage gestellt: „Verliere ich nur an Fett oder verschwinden auch meine Muskeln?" – Wir möchten natürlich an Körpermasse verlieren, wenn wir uns dazu entschließen, abzunehmen. Und dabei denken wir an den Verlust von Fett, nicht von wertvoller Muskelmasse.

Auch hierzu gibt es zahlreiche Untersuchungen, inwiefern sich die Erhöhung von Eiweiß auf 20 bis 30 Prozent der Nahrungsenergie auf die Zusammensetzung unserer Körpermasse auswirkt. Mehrere Studien kommen zu dem Ergebnis, dass eine Erhöhung von Eiweiß in der Diätphase den Fettverlust steigert und gleichzeitig die Muskelmasse besser erhält.

Es gibt immer wieder Menschen, die behaupten, dass allein die Differenz zwischen Kalorienaufnahme und Kalorienverbrauch ausschlaggebend für die Gewichtsabnahme sei. Selbstverständlich

!

Eine höhere Aufnahme an Eiweißen und Ballaststoffen in der Abnehmphase minimiert den Jo-Jo-Effekt.

nehmen wir ab, wenn wir weniger Kalorien aufnehmen, als wir verbrauchen. Das ist ein natürlicher Prozess, bei dem unser Körper auf vorhandene Reserven zurückgreift. Was aber bei solchen Rechnungen nicht beachtet wird, ist der allseits bekannte Jo-Jo-Effekt, der bei jeder Diät zuschlägt. Denn nehmen wir weniger Kalorien zu uns, passt sich unser Körper den Umständen an und drosselt seinen Kalorienverbrauch. Studien belegten, dass ein Jo-Jo-Effekt durch eine höhere Aufnahme an Eiweiß in Kombination mit Ballaststoffen deutlich gebremst werden kann. Eine weitere Folge von reduzierter Kalorienzufuhr kann zudem ein vermehrter Abbau der Muskelmasse sein. Der Prozess des Abnehmens lässt sich somit nicht nur auf ein reines Kaloriendefizit reduzieren, auch die Nährstoffzusammensetzung spielt dabei eine wesentliche Rolle.

Auch in die andere Richtung wurden Studien durchgeführt: Wie ist der Gewichtsverlauf bei zu niedrigem Eiweißgehalt in der Nahrung? Gibt es eine Art „Eiweißhunger"? Die Ergebnisse: Wenn wir eine starke Vermischung von Eiweiß, Kohlenhydraten und Fett zu uns nehmen, essen wir tendenziell mehr, nämlich so lange, bis unser Bedarf an essentiellen Aminosäuren gedeckt ist. Leider sind diese Studien bisher eher klein und daher wenig repräsentativ. Sie lassen aber eine Richtung erkennen: Wenn wir zu wenig Eiweiß aufnehmen, scheinen wir insgesamt mehr zu essen, bis wir satt sind und unser Körper genügend essentielle Aminosäuren aufgenommen hat, um alle wichtigen Aufgaben erfüllen zu können.

!

Ein hoher Proteingehalt regt den Stoffwechsel an, zu wenig Eiweiß sorgt hingegen für Heißhungerattacken.

Aus meiner Erfahrung als Diätassistentin in der Ernährungsberatung und -therapie kann ich diese Ergebnisse nur bestätigen. Stelle ich mit Klienten ihre Ernährung um, weg von zu stark verarbeiteten, kohlenhydratreichen Produkten und hin zu mehr hochwertigen Eiweißquellen mit moderaten Kohlenhydratmengen, kann ich mit hoher Trefferquote sagen: Der Heißhunger und die ständige Nahrungszufuhr haben ein Ende.

Effekte von Eiweißen im Abnehmprozess:

- Weniger Heißhungerattacken
- Lang anhaltendes Sättigungsgefühl
- Höherer Energieverbrauch des Körpers beim Verstoffwechseln der Proteine
- Wirkt Insulinresistenz entgegen
- Förderung des Fettabbaus
- Hemmung des Muskelabbaus

Eiweiße, Blutfette und Blutdruck

Blutfette

Die Effekte von Eiweiß auf unseren Stoffwechsel sind unumstritten, aber auch im Hinblick auf unsere Blutfette sind Proteine von Bedeutung. Sowohl auf das „schlechte" Cholesterin LDL (einfach zu merken: „Lass das lieber"), als auch auf das „gute" Cholesterin HDL (einfach zu merken: „Hab dich lieb") sowie unsere Triglyceride (Nahrungsfette im Blut) sollen Eiweiße einen Einfluss haben.

In verschiedenen Studien wurden proteinbetonte Diäten mit einer Kontrolldiät verglichen, bei der die Probanden weniger Eiweiß zu sich nahmen. Dabei ergaben sich bei der proteinreichen Ernährungsweise deutliche Verbesserungen der Blutwerte. Dieser Effekt wurde mehrfach belegt.

Dabei spielt die Auswahl an überwiegend fettarmen tierischen Proteinen kombiniert mit pflanzlichen Proteinen eine wichtige Rolle. Neben dem Kaloriendefizit sollten auch alle wichtigen Punkte einer sinnvollen Gewichtsabnahme mit einem hohen Ballaststoffanteil und gesunden pflanzlichen Fetten Beachtung finden.

Aus meiner Sicht kann eine erhöht proteinreiche Ernährung mit überwiegend pflanzlichen Eiweißquellen kombiniert mit fettarmen tierischen Eiweißen unsere Blutfette durchaus positiv beeinflussen. Neben dem Proteineffekt wirkt eine hohe Zufuhr an hochwertigen, pflanzlichen Fetten, wie sie in Oliven-, Lein- und Rapsöl, Nüssen, Samen und Avocados zu finden sind. So können deutliche Effekte erzielt werden.

Bluthochdruck

Ähnlich verhält es sich bei den Studien zum Thema Bluthochdruck: Proteine können anstelle von Kohlenhydraten dazu beitragen, den Blutdruck zu senken. Neben der generellen Reduzierung von Salz in der Nahrung sowie einer höheren Aufnahme von Magnesium und Kalium spielen Eiweiße ebenfalls eine Rolle, wenn es um die richtige Ernährung bei Bluthochdruck geht. Zu dieser Erkenntnis gelangte man durch einen Versuch, bei dem Kohlenhydrate reduziert und die Eiweißaufnahme erhöht wurde.

!

Proteine in Verbindung mit ungesättigten Fetten sorgen für gute Blutfett- und Blutdruckwerte.

Eine weitere Studie legte eine Kost mit viel Obst und Gemüse sowie Milch und Milchprodukten zugrunde und ersetzte Kohlenhydrate durch ungesättigte Fette und Proteine. Auch diese Studie verzeichnete eine deutliche Senkung des Blutdrucks. Es ergab sich zudem ein Zusammenhang zwischen dem Blutdruck und Bestandteilen von Eiweißen, die auch in Blutdrucktabletten zu finden sind. Sicherlich wirken unterschiedliche Mechanismen auf den Blutdruck, aber eine eiweißbetonte und insgesamt ausgewogene Ernährung spielt eine wichtige Rolle im Hinblick auf körperliche Gesundheit.

Eiweiße und Blutzucker

Insulinresistenz

Ein weiteres mögliches Phänomen bei Übergewicht ist die sogenannte Insulinresistenz, eine Störung des Kohlenhydratstoffwechsels. Insulin ist ein Hormon, das in unserer Bauchspeicheldrüse produziert und anschließend in unseren Blutkreislauf abgegeben wird, wenn wir kohlenhydratreiche Nahrung zu uns nehmen. Dieses Hormon ist wie ein Schlüssel, der den Zucker (Glukose) in unsere Zellen bringt.

Eine Insulinresistenz wird durch übermäßige Kalorienaufnahme begünstigt sowie durch kohlenhydratbetonte Ernährung (Brot, Getreide, Zucker, zuckerhaltige Getränke etc.) in Kombination mit Bewegungsmangel, Stress und wenig Schlaf verstärkt. Das Ergebnis: Die Zellen sind übersättigt und reduzieren ihre Insulinrezeptoren, um eine weitere Aufnahme von Glukose zu verhindern. Allerdings verbleibt so der überschüssige Zucker aus der Nahrung im Blut, da er in solch großen Mengen nicht mehr in die Zelle gelangen kann. Die Folge ist ein erhöhter Blutzuckerwert.

Gerade in diesen Fällen hat es sich als sinnvoll erwiesen, die Gewichtsabnahme nicht nur über ein Kaloriendefizit, sondern gezielt durch die Erhöhung der Eiweißaufnahme zu erreichen. Dadurch werden die Zellen vom Überkonsum der Kohlenhydrate geschont und ihre „Abwehrhaltung“ wird mit der Zeit geringer.

Diabetes mellitus Typ 2

In meinen Beratungen habe ich häufig Klienten, die gerade erst mit Diabetes diagnostiziert worden sind. Häufig werden die Patienten dann von ihrem Arzt darauf hingewiesen, dass sie sich beraten lassen und ihre Ernährung umstellen sollten, um ihren Zustand zu verbessern und die Krankheit gegebenenfalls sogar zu besiegen. Tatsächlich ist dies bei einigen Patienten mit der richtigen Ernährung möglich.

Ausschlaggebend ist hierbei, das Eiweiß zu erhöhen und gleichzeitig die kohlenhydratreichen Lebensmittel zu verringern, sowie drei Hauptmahlzeiten zu sich zu nehmen und Zwischenmahlzeiten zu vermeiden. Vor allem zuckerhaltige Getränke und Süßigkeiten sollten gemieden werden.

An dieser Stelle möchte ich noch einmal betonen, dass die Lösung *nicht* darin liegt, die tierischen Eiweißquellen zu erhöhen! Ansonsten könnten sich die Blutfette negativ entwickeln, denn Cholesterin findet sich vor allem in fettreichen, tierischen Lebensmitteln. Viel wichtiger ist es, auch auf pflanzliche Eiweißlieferanten zu setzen und gleichzeitig die kohlenhydratreichen Lebensmittel zu verringern. Viele meiner Klienten können ihre Diabeteserkrankung so besiegen. Natürlich ist das von Person zu Person unterschiedlich, denn neben der Ernährungsweise spielen auch genetische Faktoren eine Rolle. Dennoch ist die Umstellung auf eine eiweißbetontere Ernährung mit reduzierter Menge an Kohlenhydraten für alle Betroffenen eine gesundheitsfördernde Maßnahme.

Wie decke ich meinen Eiweißbedarf?

Dass wir mehr Eiweiß essen sollten, haben wir nun verstanden – aber wie viel genau ist „mehr" Eiweiß? Welche Menge ist noch zu wenig und was könnte eventuell zu viel sein?

Die Deutsche Gesellschaft für Ernährung (DGE) empfiehlt eine tägliche **Eiweißmenge von 0,8 g pro Kilogramm Körpergewicht,** das entspricht etwa 15 Prozent des Tagesbedarfs an Kalorien. Dabei wird allerdings nicht berücksichtigt, wie aktiv ein Mensch ist; lediglich für ältere Menschen und Schwangere bzw. Stillende wird der Eiweißbedarf leicht angepasst.

Andere Institutionen empfehlen teilweise höhere Eiweißmengen. Das Deutsche Institut für Sporternährung e.V. geht von einem

Eiweißbedarf von 1,4 bis 1,6 g pro Kilogramm Körpergewicht aus; hier wird allerdings regelmäßige körperliche Betätigung vorausgesetzt. Vor allem im Bereich Kraft- und Leistungssport müssen die Eiweißmengen angepasst werden.

Aber auch für die durchschnittliche Bevölkerung mit mittlerer sportlicher Betätigung stehen die idealen Eiweißmengen immer wieder in der Diskussion. Dr. Nicolai Worm, ein bekannter Ernährungswissenschaftler, beschäftigt sich seit Jahren mit Proteinen, unserem entsprechenden Bedarf sowie den gesundheitlichen Aspekten. Seiner Ansicht nach sollten wir uns an einer Eiweißmenge von 20 bis 25 Prozent des täglichen Kalorienbedarfs orientieren. Diese Angaben werden von zahlreichen Studien unterstützt.

!

Eine optimale Eiweißaufnahme liegt zwischen 20 und 25 Prozent des täglichen Gesamtkalorienbedarfs.

Den individuellen Eiweißbedarf berechnen

Aber was bedeutet das nun konkret für unseren täglichen Bedarf an Proteinen? Von welchen Mengen sprechen wir? Schauen wir uns das einmal an einem Beispiel an:

Eine Frau mit einer Körpergröße von 1,65 m, einem Gewicht von 70 kg sowie durchschnittlicher körperlicher Betätigung hat einen Kalorienbedarf von etwa 1.900 Kalorien pro Tag. Davon sollen 20 bis 25 Prozent in Form von Eiweiß aufgenommen werden. Dazu multipliziert man zunächst die 20 Prozent mit dem Gesamtkalorienbedarf, um zu errechnen, wie viele Kalorien mithilfe von Eiweiß gedeckt werden müssen. Anschließend teilt man das Ergebnis durch 4 (das ist die Kalorienmenge, die 1 g Eiweiß liefert). So erhalten wir die genaue Menge an Proteinen, die eine Person mit einem Kalorienbedarf von 1.900 täglich zu sich nehmen sollte.

1900 Kalorien	x 0,2	= 380 Kalorien
380 Kalorien	: 4	= 95 g

Nehmen wir ein weiteres Beispiel: Ein Mann, der regelmäßig ins Fitnessstudio geht und Muskulatur aufbauen möchte. Er ist 1,80 m groß, wiegt 85 kg und geht viermal pro Woche zum Training. Für den Aufbau von Muskulatur werden 1,4 bis 1,6 g Eiweiß pro Kilogramm Körpergewicht empfohlen.

85 kg x 1,4 g Eiweiß = 119 g Eiweiß pro Tag

Sie können Ihren Eiweißbedarf demnach auf zwei verschiedene Arten berechnen:

- Sie nehmen Ihren Kalorienbedarf wie in dem ersten Beispiel, errechnen anhand dessen den entsprechenden Bedarf an Proteinen (20 bis 25 Prozent) und teilen anschließend durch 4 (Kalorien pro Gramm Eiweiß).
- Oder Sie nehmen Ihr Gewicht und multiplizieren es mit der gewünschten Eiweißmenge. Für Sportler bedeutet das zwischen 1,4 g und 1,6 g, bei durchschnittlicher Bewegung im Alltag sowie zur langfristigen Gewichtsreduktion können Sie mit 1 g bis 1,4 g multiplizieren.

Zur Vereinfachung finden Sie hier eine grobe Übersicht zum Kalorien- und Eiweißbedarf (20 bis 25 Prozent) für Erwachsene bei durchschnittlicher Bewegung im Alltag und regelmäßigem Sport:

KÖRPERGRÖSSE	KALORIEN-/EIWEISS-BEDARF BEI FRAUEN	KALORIEN-/EIWEISS-BEDARF BEI MÄNNERN
bis 1,60 m	1850 kcal/93–116 g	2400 kcal/120–150 g
1,65–1,70 m	2000 kcal/100–125 g	2700 kcal/135–169 g
1,70–1,75 m	2100 kcal/105–131 g	2900 kcal 145–181 g
ab 1,80 m	2300 kcal/115–144 g	3200 kcal/160–200 g

Tierisches vs. pflanzliches Eiweiß

Viele denken beim Thema Eiweiß an Fleisch, Fisch und Eier, also in erster Linie an tierische Proteinlieferanten. Dabei gibt es ebenfalls viele pflanzliche Lebensmittel, mit denen auch Vegetarier und vor allem vegan lebende Menschen ihren Bedarf ebenso gut decken können. Aber worin genau liegt nun der Unterschied zwischen tierischen und pflanzlichen Eiweißquellen?

Tierisches Eiweiß ist unserem Körpereiweiß ähnlicher

Grundsätzlich bestehen beide Proteinlieferanten aus den gleichen Aminosäuren, nur die Ausprägungen unterscheiden sich leicht voneinander. Tierische Eiweiße enthalten etwas mehr Methionin und Cystein, dafür enthalten pflanzliche Proteine mehr Arginin.

Vergleicht man die Struktur dieser Proteine mit denen in unserem Körper, so stellt man fest, dass tierische Eiweiße mit ihrer Aminosäurezusammensetzung den unseren etwas ähnlicher und dadurch für den Menschen leichter und effektiver verwertbar sind.

In der Sporternährung ist tierisches Protein bekannt für die Unterstützung des Muskelaufbaus, wohingegen das pflanzliche Eiweiß vor allem für die Regeneration der Muskulatur nach einem Wettkampf oder langer Anstrengung von Bedeutung ist.

Anders als bei Fetten und Kohlenhydraten sind die Aufnahme und der Stoffwechsel von Eiweißen wie bereits erwähnt etwas komplexer. Auch hier unterscheiden sich tierische und pflanzliche Eiweißlieferanten voneinander: Die Verwertbarkeit von tierischen Proteinen liegt etwas höher als bei pflanzlichen Proteinen; die Spanne liegt zwischen 80 und 95 Prozent. Also nicht alles, was wir zu uns nehmen, wird auch wirklich vom Körper aufgenommen und umgewandelt.

> !
>
> Tierische Proteine können vom Körper leichter aufgenommen und verarbeitet werden als pflanzliche Eiweiße.

Die Verwertbarkeit der Eiweiße wird zudem durch die Zubereitungsart unserer Nahrung beeinflusst. Schonende Erhitzungsverfahren erhalten hierbei die Eigenschaften der Proteine.

Das PDCAAS-Verfahren

Um Eiweiße ernährungsphysiologisch bewerten zu können, wurde 1991 von der Weltgesundheitsorganisation das PDCAAS-Verfahren (Protein Digestibility Corrected Amino Acid Score) eingeführt. Es gibt Auskunft darüber, wie gut unser Körper das Nahrungsprotein verwerten und damit körpereignes Eiweiß aufbauen kann. Geläufiger ist vielen die sogenannte biologische Wertigkeit von Eiweißen, hier wird allerdings der Verdauungsprozess der Proteine nicht mitberücksichtigt. Dadurch ergeben sich im Vergleich der beiden Verfahren teilweise deutliche Unterschiede, was die Aussagen über die Qualität der Eiweiße angeht. Die Werte in der folgenden Aufzählung geben einen groben Überblick darüber, wie gut die Eiweiße von unserem Körper in körpereigenes Eiweiß umgewandelt werden können.

- Hühnerei: 1,00
- Kuhmilch: 1,00
- Rindfleisch: 0,9
- Sojabohnen: 0,9
- Kartoffel: 0,6
- Mais: 0,5
- Weizen: 0,4

Diese Werte zeigen deutlich, dass tierisches Protein etwas besser aufgenommen wird als pflanzliches. Das Hühnerei gilt hierbei mit einem Wert von 1,0 als Referenzwert. Dennoch kann man auch mit einer rein pflanzlichen Ernährung seinen Eiweißbedarf decken, man muss lediglich auf eine ausreichende Menge achten.

Die DIAAS-Methode

Seit 2011 gibt es den Digestible Indispensable Amino Acid Score (DIAAS). Hier wird nicht nur die allgemeine Verdaulichkeit des Eiweißes betrachtet, sondern auch die Verdaulichkeit aller unentbehrlichen Aminosäuren, die im Protein enthalten sind.

Die Mischung macht's

Eine Mischung aus pflanzlichen und tierischen Proteinen ist für unseren Organismus optimal. Dabei sollte das Verhältnis möglichst ausgewogen sein, im besten Fall überwiegt die Menge an pflanzlichen Eiweißen. Denn pflanzliche Eiweiße werden zwar in geringeren Mengen aufgenommen und verarbeitet, sie enthalten jedoch noch andere wichtige Nährstoffe wie Mineral- und Ballaststoffe. Tierische Produkte hingegen kommen oft mit Begleitstoffen wie ungesunden Fetten daher. Die folgenden Tabellen helfen Ihnen dabei, passende Eiweißlieferanten auszuwählen.

TIERISCHE LEBENSMITTEL	ÜBLICHE PORTIONSMENGE	PROTEINGEHALT
Putenbrust	150 g	36 g
Rindfleisch, mager	150 g	33 g
Tatar	150 g	33 g
Thunfisch	150 g	32 g
Rinderhackfleisch	150 g	30 g
Schweinefilet, mager	150 g	30 g
Forelle	150 g	29 g
Hering	150 g	27 g
Seelachs	150 g	27 g
Tintenfisch	150 g	24 g
Magerquark	150 g	18 g
Körniger Frischkäse	100 g	13 g
Buttermilch	200 ml	7 g
Joghurt Natur, 1,5 % Fett	150 g	7 g
Käse, 45 % Fett	30 g/1 Scheibe	7 g
Hühnerei	1	7 g

PFLANZLICHE LEBENSMITTEL	ÜBLICHE PORTIONSMENGE	PROTEINGEHALT
Linsen, roh	80 g	19 g
Kidneybohnen, ungekocht	80 g	18 g
Kichererbsen, ungekocht	80 g	16 g
Erbsen, frisch	200 g	13 g
Dicke Bohnen	200 g	12 g
Tofu Natur	150 g	12 g
Kürbiskerne	30 g	11 g
Hirse	100 g	10 g
Grünkohl	200 g	9 g
Rosenkohl	200 g	9 g
Vollkornnudeln	60 g	8 g
Quinoa	60 g	8 g
Brokkoli	200 g	7 g
Zuckererbsenschoten	200 g	7 g
Zuckermais	200 g	7 g
Linsen aus der Dose	100 g	7 g
Wirsing	200 g	6 g
Sojasprossen	100 g	6 g
Champignons	200 g	6 g
Mandeln	30 g	6 g
Haferflocken	40 g/4 EL	5 g
Cashewkerne	30 g	5 g
Leinsamen	20 g	5 g
Spinat	200 g	5 g
Kidneybohnen aus der Dose	100 g	5 g

PFLANZLICHE LEBENSMITTEL	ÜBLICHE PORTIONSMENGE	PROTEINGEHALT
Kartoffeln	200 g	4 g
Vollkornbrot	60 g/1 Scheibe	4 g
Lauch	200 g	4 g
Kichererbsen aus der Dose	100 g	4 g
Sesam	20 g	4 g

Eiweiße geschickt einbauen

Ein Hindernis gibt es noch beim Thema eiweißreiche Ernährung: Viel hilft leider nicht automatisch viel, denn unser Organismus kann pro Mahlzeit maximal 20 bis 30 Gramm Eiweiß aufnehmen.

Das Internet ist voll von eiweißreichen Rezepten, die teilweise 50, 60 oder mehr Gramm Eiweiß pro Mahlzeit enthalten. Das ist aber nicht unbedingt sinnvoll, denn leider verfügen wir nicht über Proteinspeicher, anders als es bei Kohlenhydraten und Fetten der Fall ist. Wir sind dementsprechend selbst dafür verantwortlich, unseren Körper regelmäßig mit Proteinen zu versorgen.

!

Eiweiß kann nicht im Körper gespeichert werden; man muss also auf eine kontinuierliche und ausreichende Zufuhr achten.

Wenn Sie nun daran denken, welchen Eiweißbedarf Sie persönlich decken möchten, dann wird schnell klar, dass Sie mehrere Mahlzeiten zu sich nehmen müssen, um den entsprechenden Wert zu erreichen. Wenn Sie Ihren Tag lediglich mit zwei Mahlzeiten bestreiten, weil Sie kein Frühstücker sind, dann wird es Ihnen höchstwahrscheinlich schwerfallen, Ihren Proteinbedarf zu decken.

Es ist also eine einfache Rechnung. Haben Sie einen Bedarf von 90 g Eiweiß pro Tag, so müssen Sie mindestens drei Mahlzeiten zu sich nehmen. Dabei sollte jede Mahlzeit eine hochwertige Eiweißquelle enthalten. Wenn Sie hingegen regelmäßig Kraftsport betreiben, Muskulatur aufbauen möchten und einen entsprechenden Proteinbedarf von beispielsweise 140 g haben, so sollten Sie neben drei eiweißreichen Hauptmahlzeiten zudem zwei bis drei Proteinsnacks einbauen. Damit Ihnen das noch besser gelingt, finden Sie im Folgenden Tipps für die Steigerung der Proteinaufnahme bei den einzelnen Mahlzeiten.

Frühstück

Kennen Sie das auch? Die Nacht war viel zu kurz und wir kommen morgens nur schwer aus dem Bett. Die Schlummertaste verkürzt die eingeplante Zeit morgens um ein Vielfaches, und am Ende bleibt keine Zeit mehr, um zu Hause zu frühstücken oder sich etwas Vernünftiges zuzubereiten und mitzunehmen. Dann hetzen wir zur Arbeit, vorbei am Bäcker, und holen uns ein Brötchen oder eine Brezel auf die Hand, zusammen mit einem Kaffee. So bemerken wir oft gar nicht, dass dieser schlechte Start in den Tag in vielen Fällen der Anfang einer ziellosen Nahrungssuche ist, die gar nicht mehr zu enden scheint.

Unser Körper ist ein Meisterwerk, und er weiß genau, welche Nährstoffe er benötigt. Ein Mangel an wichtigen Nährstoffen wie Vitaminen, Mineralstoffen und eben auch Eiweißen lässt uns unser Körper spüren. Wir bekommen einen regelrechten „Nährstoffhunger".

!

Essen Sie am besten drei Hauptmahlzeiten mit 20 bis 30 g Eiweiß pro Mahlzeit.

Starten Sie deshalb bereits morgens mit einer guten Portion Eiweiß, um Ihren Tagesbedarf decken zu können. Mein 4-Bausteine-System hilft Ihnen dabei, die richtige Zusammensetzung zu finden, um eine entsprechende Basis zu schaffen. Sie werden merken: Heißhunger ist dank dieser Bausteine Geschichte!

B1: KOHLENHYDRATE 1-MAL	B2: EIWEISS 1-2-MAL	B3: OBST/GEMÜSE 1-MAL	B4: FETT 1-2-MAL
1–2 Scheiben/ 60–120 g Vollkornbrot	150–250 g Magerquark oder Quark mit 20 % Fett (Natur)	200 g Gemüse	1 EL Lein- oder Hanföl
4 EL/40 g Müsli (ohne Zucker)	150 g Skyr	100–150 g Obst	
4 EL/40 g Flocken z. B. Hafer-/Dinkelflocken	150 g griechischer Joghurt		10 g Butter
	2 Scheiben/ 50 g fettarme Wurst		20 g Nüsse, Kerne, Samen
	1 Scheibe/ 30 g Käse, 45 % Fett		½ Avocado
	100 g körniger Frischkäse		10 g Leinsamen, Hanfsamen, Chiasamen etc.
	50 g veganer Aufstrich mit Soja oder Bohnen		
	2 Eier	50 g/5 EL Obstmark	
	150 g veganer Joghurt und 2 EL Sojaflocken	150 ml Fruchtsaft	

Die angegebenen Mengen entsprechen durchschnittlichen Portionsgrößen und dienen zur Orientierung. Die Mengen können selbstverständlich an Ihre individuellen Ziele und Bedürfnisse angepasst werden.

Snacks

Mal heißt es, wir sollen drei Mahlzeiten zu uns nehmen, andere Ratgeber empfehlen fünf Mahlzeiten pro Tag, um weniger Heißhunger zu bekommen. Beide Varianten haben ihre Vor- und Nachteile. Ich empfehle meinen Klienten, generell wieder mehr auf ihren Körper zu hören, denn er sagt uns in der Regel ganz genau, was er braucht. So gibt es Tage, an denen wir weniger Hunger haben, und Tage, an denen wir mehr Hunger haben. Sicherlich denkt sich unser Körper etwas dabei.

Nüsse sind ein super Snack, wenn Sie doch einmal eine Zwischenmahlzeit brauchen.

Dennoch sollten wir, wenn wir hungrig sind – und verwechseln wir bitte nicht Hunger mit Appetit, also der Lust, etwas zu Essen

– darauf achten, was wir zu uns nehmen. Snacks eignen sich optimal, um das Hungergefühl verschwinden zu lassen und dabei unseren Eiweißbedarf zu decken. Dabei sollten wir nicht auf kohlenhydratreiche Zwischenmahlzeiten wie Süßigkeiten, süße Getränke oder Gebäck zurückgreifen, sondern darauf achten, dass die Snacks reich an Eiweiß und guten Fetten sind.

!

Snacks sollten überwiegend aus Eiweiß und ungesättigten Fetten bestehen.

Im Folgenden finden Sie ein paar Beispiele für geeignete Snacks:

- 1 Handvoll (30 g) Nüsse oder Kerne
- Gemüsesticks mit Kräuterquark
- 30 g gebackene Kichererbsen (Seite 148)
- 150 g Naturjoghurt, Skyr, Quark oder griechischer Joghurt mit 100 g Beeren
- 1 Glas Kefir, Buttermilch oder Dickmilch Natur
- 1 Handvoll (30 g) Studentenfutter
- 1 Nussriegel
- 200 g körniger Frischkäse mit Beeren
- 200 g körniger Frischkäse mit Tomaten, Gurken oder Radieschen sowie Salz und Pfeffer
- Gemüse-Smoothies mit 1 Stück Obst und 1 Teelöffel Öl
- 1 gekochtes Ei und Gemüsesticks
- 30 g Kokoschips

Weitere Snackideen finden Sie bei den Rezepten.

Hauptmahlzeiten

Auch hier heißt es: Die richtige Zusammensetzung ist der Schlüssel zum Erfolg. Wie bereits beim Frühstück hilft Ihnen mein simples 4-Bausteine-System dabei, Ihre Mahlzeit optimal zusammenzustellen und Ihren Körper ausreichend mit Eiweiß zu versorgen.

B1: KOHLENHYDRATE 1-MAL	B2: EIWEISS 1-MAL	B3: GEMÜSE 1–2-MAL	B4: FETT 1–2-MAL
200 g Kartoffeln oder Süßkartoffeln	120–150 g fettarmes Fleisch wie Kassler, Putenbrust, Hähnchenbrust, Schweinefilet, Minutensteaks, Rinderfilet, Tatar etc.	200 g Gemüse, frisch oder TK	1 EL Rapsöl, Olivenöl, Sojaöl, Walnussöl oder Leinöl (nur kalt zu verwenden)
120 g gekocht/ 60 g ungekocht: Nudeln, Reis, Hirse, Quinoa, Amaranth, Couscous, Bulgur etc.	120–150 g Fisch, überwiegend fettreicher Seefisch wie Hering, Makrele, Thunfisch etc.		30 g Käse, z. B. Parmesan, geriebener Käse, Feta, Mozzarella etc.
120 g Spätzle/Gnocchi	150 g Kräuterquark aus Magerquark		10 g Butter
1 Kloß, z. B. Semmel- oder Kartoffelknödel	2 Eier		20 g Nüsse, Kerne, Samen
	60 g trockenes Sojagranulat		½ Avocado
	80 g ungekochte Bohnen, Erbsen oder Linsen 150 g Hülsenfrüchte aus der Dose		
	150 g Tofu		

Die angegebenen Mengen entsprechen durchschnittlichen Portionsgrößen und dienen zur Orientierung. Die Mengen können selbstverständlich an Ihre individuellen Ziele und Bedürfnisse angepasst werden.

Diese Tabelle soll Ihnen dabei helfen, sich Ihre Mahlzeiten sinnvoll zusammenzustellen. Die Kohlenhydrate sorgen mit ihren Ballaststoffen für ein angenehmes Sättigungsgefühl sowie eine gute Verdauung und liefern zudem wichtige Mineralstoffe. Das Eiweiß trägt zu einem gesunden Stoffwechsel bei, Gemüse und Obst sorgen ebenfalls für eine gesteigerte Sättigung und liefern viele wichtige Vitamine und Mineralstoffe. Und auch am Fett sollte nicht gespart werden: Der vierte Baustein liefert wichtige Vitamine, vor allem Vitamin A und E und versorgt uns zudem mit essentiellen Fettsäuren wie den Omega-3-Fettsäuren und trägt so zu einem lang anhaltenden Sättigungsgefühl bei. Die richtige Mischung aus den vier Bausteinen ist grundlegend, um Heißhungerattacken zu vermeiden und den Körper optimal mit Eiweiß zu versorgen.

Wie bereits erwähnt, hilft viel nicht automatisch viel. Wenn Sie mehr als die durchschnittliche Portion zu sich nehmen möchten, beispielsweise weil Sie Sportler sind und einen höheren Verbrauch haben, so ist es keineswegs sinnvoll, die Fleischmenge zu erhöhen, denn Ihr Körper kann nur eine begrenzte Menge an Eiweiß aufnehmen. In diesem Fall empfiehlt es sich, die anderen drei Bausteine zu erhöhen, also eine zusätzliche Portion Gemüse, Fett oder Kohlenhydrate zu sich zu nehmen.

Eine weitere Möglichkeit, Ihr Essen eiweißreicher zu gestalten, ist das einfache Austauschen einzelner Zutaten. Hier sind ein paar Beispiele für Sie als Anregung für eiweißreicheres Kochen. So gelingt es Ihnen ganz leicht, Ihre Lieblingsrezepte entsprechend umzuwandeln und aufzupeppen.

EIWEISSÄRMERE LEBENSMITTEL	ALTERNATIVEN MIT MEHR EIWEISSGEHALT
Fettreiches Fleisch wie Nacken, Innereien, Würste oder Bauch, Schweinehackfleisch, Leberkäse	Fettarmes Fleisch wie Filet von Schwein, Rind oder Wild, Hähnchenbrust, Putenbrust, Minutensteaks von Rind oder Schwein, Rinderhackfleisch oder Tatar, Kassler
Fettreiche Wurstsorten wie Salami, Gelbwurst, Wiener, Krakauer, Leberwurst, Leberkäseaufschnitt etc.	Fettärmere Sorten wie roher Schinken, gekochter Schinken, Kassleraufschnitt
Nudeln	Linsen- oder Kichererbsennudeln
Sahne	Körniger Frischkäse, Ricotta
Frischkäse	Körniger Frischkäse, Ricotta, Magerquark
Naturjoghurt	Magerquark, Skyr
Gemüsesorten wie Zucchini, Gurke, Tomate, Aubergine	Gemüsesorten wie Kohlgemüse und Spinat (mit Pilzen, Tofu und Hülsenfrüchten aufwerten)
Croutons auf dem Salat	Geröstete Kerne oder gehackte Nüsse
Mayonnaise für Salate oder als Dip	Schmand mit Magerquark mischen
Fettreiche Käsesorten über 45 % Fett, z. B. Camembert (60 % Fett), Butterkäse (60 % Fett), Brie (50 % Fett) etc.	Fettärmere Käsesorten wie Harzer Käse, Limburger, Quäse, körniger Frischkäse, Kräuterquark
Soja- oder Hafercreme zum Kochen	Gemüsebrühe mit 2 EL Mandelmus
Cornflakes	Haferflocken mit Sojaflocken oder Nüssen
Brot	Selbstgemachtes Eiweißbrot oder Eiweißknäckebrot (Rezepte Seite 39 und 146)

Eine Extraportion Eiweiß erhalten Sie, wenn Sie Ihre übliche Pasta zur Abwechslung einmal gegen Hülsenfrüchtenudeln austauschen.

Die häufigsten Fragen zum Thema Eiweiß

Wie gut sind Eiweißshakes und -riegel?

Proteinshakes enthalten in der Regel eine große Menge an essentiellen Aminosäuren, mit deren Hilfe unser Körper Eiweiß aufbauen kann. Nachteil sind häufig enthaltene Geschmacksstoffe wie künstliche Aromen und auch Süßstoffe, welche in der Kritik stehen.

Mit einer gut durchdachten Nahrungszusammenstellung sowie geeigneten Zwischenmahlzeiten können Sie – auch wenn Sie Muskulatur aufbauen möchten und Sport treiben – Ihren Eiweißbedarf ausschließlich über die Ernährung decken. Möchten Sie dennoch auf ein Präparat zurückgreifen, dann achten Sie verstärkt auf die Inhaltsstoffe. Ein geeignetes Präparat sollte mindestens 70 g Eiweiß pro 100 g sowie alle essentiellen Aminosäuren (mindestens 1,4 g Tryptophan sowie über 10 g Leucin pro 100 g) enthalten. Gleichzeitig sollte der Kohlenhydratgehalt unter 5 g pro 100 g liegen und es sollten keine zusätzlichen Aromastoffe oder Süßstoffe auf der Zutatenliste vorkommen. Für Veganer eignet sich ein veganes Eiweißpulver Natur auf Basis von Reis oder Hülsenfrüchten.

Muss ich tierische Produkte essen, um meinen Eiweißbedarf zu decken?

Diese Frage kann ganz klar mit „Nein“ beantwortet werden. Auch mit einer rein pflanzlichen Ernährung lässt sich unser Eiweißbedarf problemlos decken. Hier sollten Sie verstärkt zu Lebensmitteln greifen, die viel Eiweiß enthalten, wie beispielsweise Hülsenfrüchte, Nüsse und Kerne, Sprossen und Samen, eiweißreiches Gemüse wie Kohlgemüse oder Spinat, Pilze, Sojakerne sowie Produkte aus Soja oder Lupinen.

Wie ist vegane Wurst und Co. einzuschätzen? Sind sie eine echte Alternative zu Fleisch?

Leider schneiden vegane Alternativen zu Wurst, Käse, Schnitzel oder Bratwürstchen nicht wirklich besser ab als ihre fleischhaltigen Konkurrenten. Studien ergaben, dass in veganen Produkten durchschnittlich mehr gesättigte Fette sowie mehr Salz enthalten sind und sie zudem meist eine lange Liste an Zusatzstoffen aufweisen. Hier ist es besonders wichtig, die Zutatenliste anzusehen und zu kontrollieren, ob die Produkte eine akzeptable Alternative sind. Anderenfalls können Sie Ihre Bratlinge mit Bohnen, Linsen, Erbsen, Tofu etc. auch ganz leicht selbst herstellen (entsprechende Rezepte finden Sie auf Seite 74 und 81).

Wie sieht eine optimale Eiweißzusammensetzung aus?

Häufig greifen wir aus Gewohnheit oder Bequemlichkeit auf tierische Eiweißquellen wie Fleisch, Fisch, Eier, Käse, Joghurt und Co. zurück. Idealerweise besteht jedoch mindestens die Hälfte der täglich aufgenommenen Proteinmenge aus pflanzlichem Eiweiß. Versuchen Sie, so viele pflanzliche Proteinlieferanten wie möglich in Ihren Speiseplan zu integrieren und achten Sie bei Ihren Mahlzeiten immer darauf, dass zwischen 20 und 30 g Eiweiß enthalten sind. Die Rezepte in diesem Buch helfen Ihnen dabei.

!

Achten Sie darauf, dass Ihre tierischen Eiweißquellen möglichst fettarm sind.

111 LECKERE REZEPTE

Sie wissen nun, worauf es beim Thema Proteine ankommt: Pro Mahlzeit sollten mindestens 20 g Eiweiß enthalten sein. Da das nicht immer einfach ist, finden Sie im Folgenden viele leckere und vor allem einfache Rezepte, die alle mindestens 20 g Eiweiß pro Portion enthalten. Ob vegetarisch, vegan, mit Fleisch, Fisch oder auch süße Leckereien und Kuchen – mit Proteinen zu experimentieren macht Spaß und ist zudem extrem lecker. Und das Beste: Es macht Sie richtig lange satt!

HIGH-PROTEIN-FRÜHSTÜCK

Proteinwaffeln mit Beeren-Mandel-Joghurt

Für 4 Portionen

Zubereitungszeit: 20 Minuten

Eine Portion enthält:

474 kcal (1983 kJ)	26 g Fett
21 g Eiweiß	40 g Kohlenhydrate

Zutaten

- 120 g Dinkelmehl, Type 630
- 200 g Magerquark
- 4 Eier
- 2 TL Backpulver
- 1 Msp. Vanilleextrakt
- 4 EL Erythrit, Vollrohrzucker oder Honig
- 2 EL Rapsöl
- 400 g griechischer Joghurt, 10 % Fett
- 400 g frische Beeren, z. B. Himbeeren, Brombeeren, Heidelbeeren, Erdbeeren
- 60 g gehackte Mandeln

Außerdem:

- Waffeleisen

Zubereitung

1 Mehl, Quark, Eier, Backpulver, Vanilleextrakt und Erythrit in eine große Schüssel geben und alles mit einem Handrührgerät vermengen.

2 Ein Waffeleisen erhitzen, mit einem Pinsel und etwas Rapsöl einfetten und je eine kleine Schöpfkelle voll Teig auf die Backflächen geben.

3 Die Waffeln für ca. 4 Minuten backen lassen, bis sie die gewünschte Bräune erreicht haben. Währenddessen den griechischen Joghurt mit den Beeren und den gehackten Mandeln vermengen. Die Waffeln mit dem Joghurt anrichten.

Gebackener Haferbrei

Für 4 Portionen

Zubereitungszeit: 5 Minuten
Gehzeit: 10 Minuten
Backzeit: 30 Minuten

Eine Portion enthält:

483 kcal (2021 kJ)	17 g Fett
20 g Eiweiß	60 g Kohlenhydrate

Zutaten

- 2 Bananen
- 240 g kernige Haferflocken
- 500 ml Milch, 1,5 % Fett
- 2 Eier
- 200 g Himbeeren
- 60 g gehackte Mandeln
- 1 TL Honig
- 1 Msp. Zimt

Zubereitung

1 Den Backofen auf 180 °C (Ober-/Unterhitze) vorheizen.

2 Die Bananen mit einer Gabel zerdrücken, mit den restlichen Zutaten vermengen und die Mischung in eine kleine Auflaufform geben.

3 Das Ganze 10 Minuten lang quellen lassen und anschließend für 30 Minuten in den Backofen stellen.

Proteinbrot

Für 1 Brot/16 Scheiben

Zubereitungszeit: 10 Minuten
Backzeit: 45 Minuten

Zwei Scheiben enthalten:

299 kcal (1251 kJ)	9 g Fett
21 g Eiweiß	252 g Kohlenhydrate

Zutaten

- 350 g Hafer- oder Weizenkleie
- 50 g Dinkelmehl, Type 630
- 500 g Magerquark
- 40 g geschrotete Leinsamen
- 6 Eier
- 1 Pck. Backpulver
- 2 TL Salz
- 1 Msp. Brotgewürz

Zubereitung

1 Den Backofen auf 180 °C (Ober-/Unterhitze) vorheizen.

2 Alle Zutaten in eine Schüssel geben, den Teig zunächst mit einem Handrührgerät und anschließend mit den Händen vermengen.

3 Eine Kastenform mit Backpapier auslegen und den Teig in die Form geben.

4 Das Brot für 45 Minuten in den Backofen stellen, vor dem Verzehr abkühlen lassen.

Overnight-Oats

Für 4 Portionen

Zubereitungszeit: 5 Minuten
Einweichen: über Nacht

Eine Portion enthält:

540 kcal (2259 kJ)	17 g Fett
23 g Eiweiß	72 g Kohlenhydrate

Zutaten

- 40 g Walnüsse
- 320 g feine Haferflocken
- 600 ml Milch, 1,5 % Fett
- 40 g Sojaflocken
- 1 TL Honig
- 400 g Beeren, z. B. Himbeeren, Brombeeren, Heidelbeeren, Erdbeeren
- 1 Msp. Zimt

Zubereitung

Die Walnüsse hacken, alle Zutaten gut mischen, in eine geeignete Box füllen und über Nacht in den Kühlschrank stellen.

TIPP

Eine praktische Variante für alle Langschläfer! Einfach am Abend vorher zubereiten und am nächsten Morgen aus dem Kühlschrank und mit zur Arbeit nehmen.

Quinoa-Apfel-Brei

Für 4 Portionen

Zubereitungszeit: 20 Minuten

Eine Portion enthält:

436 kcal (1268 kJ)	14 g Fett
20 g Eiweiß	57 g Kohlenhydrate

Zutaten

- 2 Äpfel
- 240 g Quinoa
- 600 ml Milch, 1,5 % Fett
- 1 TL Honig
- 1 Msp. Zimt
- 60 g Hanfsamen

Zubereitung

1 Die Äpfel waschen und in kleine Würfel schneiden. Quinoa unter laufendem, warmem Wasser in einem Sieb waschen.

2 Quinoa mit der Milch in einen Topf geben und den Quinoabrei bei mittlerer Temperatur ca. 15 Minuten köcheln lassen.

3 Den Brei anschließend mit Honig und/oder Zimt süßen und die Hanfsamen untermengen. Je nach gewünschter Konsistenz kann zusätzlich etwas Wasser hinzugegeben werden.

Quinoapancakes mit Banane

Für 4 Portionen

Zubereitungszeit: 20 Minuten

Eine Portion enthält:

547 kcal (2289 kJ)	22 g Fett
20 g Eiweiß	65 g Kohlenhydrate

Zutaten

- 240 g Quinoaflocken
- 400 ml Milch, 1,5 % Fett
- 40 g gemahlene Mandeln
- 40 g Stärke
- 4 Eier
- 2 Bananen
- 1 TL Backpulver
- 1 Msp. Vanilleextrakt
- 2 EL Rapsöl

Zubereitung

1 Alle Zutaten bis auf das Öl in eine Schüssel geben, den Teig mit einem Pürierstab vermengen und anschließend 10 Minuten ziehen lassen.

2 Das Öl in einer beschichteten Pfanne erhitzen, kleine Teigkleckse in die Pfanne geben und die Pancakes von beiden Seiten für jeweils 2 Minuten bei mittlerer Hitze ausbacken.

Eiweißquark

Für 4 Portionen

Zubereitungszeit: 10 Minuten

Eine Portion enthält:

350 kcal (1464 kJ)	15 g Fett
21 g Eiweiß	29 g Kohlenhydrate

Zutaten

- 400 g Magerquark
- 200 g Joghurt, 3,5 % Fett
- Mineralwasser
- 120 g kernige oder blütenzarte Haferflocken
- 40 g geschrotete Leinsamen
- 2 EL Leinöl
- 200 g Apfelmark

Zubereitung

Den Quark und den Joghurt in eine Schüssel geben, mit einem Handrührgerät vermengen und nach und nach etwas Mineralwasser hinzugeben, bis das Ganze die gewünschte Konsistenz erreicht hat. Anschließend die restlichen Zutaten untermengen.

TIPP

Obstmark enthält im Gegensatz zu Obstmus keinen zusätzlichen Zucker. Obstmark ist eine gute Alternative, wenn mal kein frisches Obst im Hause ist.

Proteinshake Schoko-Banane

Für 4 Portionen

Zubereitungszeit: 5 Minuten

Eine Portion enthält:

269 kcal (1125 kJ)	7 g Fett
22 g Eiweiß	32 g Kohlenhydrate

Zutaten

- 800 ml Buttermilch
- 500 g Magerquark
- 40 g gemahlene Mandeln
- 2 TL Honig
- 2 Bananen
- 2 TL Backkakao

Zubereitung

Alle Zutaten in einen Mixer füllen und nach und nach Wasser hinzugeben, bis der Shake die gewünschte Konsistenz erreicht hat.

TIPP

Der Shake eignet sich perfekt als Snack für den kleinen Hunger zwischendurch, aber auch als Proteinshake nach dem Training für einen maximalen Muskelaufbau.

Veganes Powerfrühstück

Für 4 Portionen

Zubereitungszeit: 10 Minuten

Eine Portion enthält:

329 kcal (1377 kJ)	23 g Fett
20 g Eiweiß	6 g Kohlenhydrate

Zutaten

- 800 g Sojajoghurt
- 60 g geschrotete Leinsamen
- 60 g Sojaflocken
- 60 g gehackte Mandeln
- 400 g Beeren, z. B. Himbeeren, Brombeeren, Heidelbeeren, Johannisbeeren
- 1 TL Honig

Zubereitung

Alle Zutaten vermengen und das Ganze anschließend mit Honig abschmecken.

TIPP

Achten Sie beim Kauf von Sojajoghurt auf die Zutatenliste. Der Joghurt sollte aus wenigen Zutaten bestehen und keine Zusätze enthalten.

Protein-Vanille-Pancake

Für 4 Stück

Zubereitungszeit: 25 Minuten

Eine Portion enthält:

368 kcal (1540 kJ)	15 g Fett
24 g Eiweiß	33 g Kohlenhydrate

Zutaten

- 160 g blütenzarte Haferflocken
- 400 g Magerquark
- 4 Eier
- 2 EL Rapsöl
- 1 TL Backpulver
- 100 ml Milch, 1,5 % Fett
- 1 Msp. Vanilleextrakt
- 2 TL Honig

Zubereitung

1 Die Haferflocken in einem Mixer fein mahlen. Mit den restlichen Zutaten in eine Schüssel geben und mit einem Handrührgerät vermengen. Anschließend 5 Minuten lang quellen lassen.

2 Etwas Öl in einer beschichteten Pfanne erhitzen, mit einer Kelle kleine Teigkleckse in die Pfanne geben und die Pfannkuchen anschließend bei mittlerer Hitze von beiden Seiten für jeweils 3 Minuten ausbacken.

Bananen-Schoko-Porridge

Für 4 Portionen

Zubereitungszeit: 10 Minuten

Eine Portion enthält:

584 kcal (2443 kJ)	21 g Fett
21 g Eiweiß	71 g Kohlenhydrate

Zutaten

- 20 g Bitterschokolade
- 320 g blütenzarte Haferflocken
- 600 ml Milch, 1,5 % Fett
- 60 g gehackte Haselnüsse
- 2 Bananen
- 1 TL Backkakao
- 1 TL Honig

Zubereitung

Bitterschokolade hacken. Alle Zutaten bis auf den Honig in einen kleinen Topf geben und das Porridge für 4 Minuten auf mittlerer Hitze erwärmen. Anschließend mit Honig abschmecken.

Tomaten-Mozzarella-Omelett

Für 4 Portionen

Zubereitungszeit: 15 Minuten

Eine Portion enthält:

327 kcal (1084 kJ)	25 g Fett
21 g Eiweiß	4 g Kohlenhydrate

Zutaten

- 1 Zwiebel
- 200 g Tomaten
- 2 EL Rapsöl
- 12 Eier
- 50 ml Milch, 1,5 % Fett
- Salz, Pfeffer
- 80 g Mozzarella
- Einige frische Basilikumblätter

Zubereitung

1 Zwiebel und Tomaten fein würfeln. Das Öl in einer Pfanne erhitzen, darin die Zwiebel- und Tomatenwürfel für 5 Minuten andünsten.

2 Die Eier und die Milch in einer Schüssel mit einer Gabel schaumig schlagen, mit Salz und Pfeffer würzen und über die Tomaten geben.

3 Den Mozzarella und die Basilikumblätter klein schneiden. Die Eiermasse nach 3 Minuten wenden und Mozzarella sowie Basilikum daraufstreuen. Noch weitere 3 Minuten stocken lassen.

TIPP

Dazu schmeckt eine Scheibe Vollkornbrot.

Protein-Knuspermüsli

Für 4 Portionen

Zubereitungszeit: 5 Minuten
Backzeit: 5 Minuten

Eine Portion enthält:

304 kcal (1272 kJ)	17 g Fett
12 g Eiweiß	23 g Kohlenhydrate

Zutaten

- 100 g kernige Haferflocken
- 50 g gehackte Mandeln
- 60 g Sojaflocken
- 1 Msp. Zimt
- 2 EL Rapsöl
- 2 EL Honig

Zubereitung

1 Den Backofen auf 150 °C (Ober-/Unterhitze) vorheizen.

2 Alle Zutaten in eine Schüssel geben und miteinander vermengen.

3 Die Masse gleichmäßig auf einem mit Backpapier ausgelegten Backblech verteilen. Das Blech für etwa 5 Minuten in den Backofen stellen, bis die gewünschte Bräunung erreicht ist.

TIPP

Dazu eignen sich Quark oder griechischer Joghurt sowie ein Stück Obst oder Obstmark.

Dinkelbrötchen

Für 4 Brötchen

Zubereitungszeit: 10 Minuten
Gehzeit: 30 Minuten
Backzeit: 15 Minuten

Eine Portion enthält:

302 kcal (1264 kJ)	7 g Fett
13 g Eiweiß	44 g Kohlenhydrate

Zutaten

- 250 g Dinkelmehl, Type 630
- 5 g Trockenhefe
- 2 EL geschrotete Leinsamen
- 1 TL Salz
- 2 EL Sonnenblumenkerne

Zubereitung

1 Den Backofen auf 200 °C (Ober-/Unterhitze) vorheizen.

2 Alle Zutaten bis auf die Sonnenblumenkerne mit 160 ml lauwarmem Wasser in eine Küchenmaschine geben und den Teig zu einer homogenen Masse verkneten. Alternativ können auch Knethaken verwendet werden.

3 Den Teig in einer Schüssel mit einem Geschirrtuch abgedeckt an einen warmen Ort stellen und 30 Minuten gehen lassen.

4 Die Hände bemehlen und aus dem Teig vier Brötchen formen. Auf ein mit Backpapier ausgelegtes Backblech legen, mit etwas Wasser bestreichen und die Sonnenblumenkerne darüberstreuen.

5 Die Brötchen etwa 15 Minuten backen.

Käsepfannkuchen

Für 4 Stück

Zubereitungszeit: 25 Minuten

Eine Portion enthält:

423 kcal (1770 kJ)	20 g Fett
29 g Eiweiß	34 g Kohlenhydrate

Zutaten

- 160 g blütenzarte Haferflocken
- 400 g Magerquark
- 4 Eier
- 2 EL Rapsöl
- 1 TL Backpulver
- 100 ml Milch, 1,5 % Fett
- 1 Msp. Salz
- 80 g Gouda, 45 % Fett

Zubereitung

1 Die Haferflocken in einem Mixer fein mahlen. Mit den restlichen Zutaten (bis auf den Käse) in eine Schüssel geben und mit einem Handrührgerät vermengen. Anschließend 5 Minuten lang quellen lassen.

2 Etwas Öl in einer beschichteten Pfanne erhitzen, mit einer Kelle kleine Teigkleckse in die Pfanne geben und die Pfannkuchen anschließend bei mittlerer Hitze von beiden Seiten für jeweils 3 Minuten ausbacken.

3 Die Käsescheiben vierteln und für 30 Sekunden mit in die Pfanne auf die Pfannkuchen legen, damit sie schmelzen.

HIGH-PROTEIN-DIPS UND -AUFSTRICHE

Heidelbeer-Quark-Aufstrich

Für 4 Portionen

Zubereitungszeit: 5 Minuten
Auftauzeit: über Nacht

Eine Portion enthält:

48 kcal (201 kJ)	0 g Fett
4 g Eiweiß	8 g Kohlenhydrate

Zutaten

- 120 g Heidelbeeren (TK)
- 120 g Magerquark
- 1 TL Honig
- 1 Msp. Abrieb von 1 Bio-Zitrone

Zubereitung

Heidelbeeren zum Auftauen am Abend in einer Schüssel in den Kühlschrank stellen. Am nächsten Tag mit den restlichen Zutaten vermengen und auf ein Brot streichen.

TIPP

Neben Heidelbeeren eignen sich z. B. auch Brombeeren, Himbeeren oder Erdbeeren für diesen leckeren Brotaufstrich. Eventuell müssen diese noch püriert werden.

Protein-Dip

Für 4 Portionen

Zubereitungszeit: 5 Minuten

Eine Portion enthält:

74 kcal (310 kJ)	5 g Fett
5 g Eiweiß	3 g Kohlenhydrate

Zutaten

- 160 g Magerquark
- 60 g Crème fraîche
- 2 EL frische Kräuter, z. B. Schnittlauch, Petersilie, Majoran, Rosmarin
- 1 Msp. Senf
- 1 Msp. Abrieb einer Bio-Zitrone
- 1 TL Vollrohrzucker, Erythrit oder Honig
- Salz, Pfeffer

Zubereitung

Alle Zutaten in eine Schüssel geben und mit einem Handrührgerät aufschlagen, bis die Masse cremig wird. Je nach gewünschter Konsistenz kann noch etwas Mineralwasser hinzugegeben werden.

Hummus

Für 4 Portionen

Zubereitungszeit: 10 Minuten

Eine Portion enthält:

256 kcal (1071 kJ)	19 g Fett
8 g Eiweiß	10 g Kohlenhydrate

Zutaten

- 1 Dose (255 g) Kichererbsen
- 1 Knoblauchzehe
- 50 ml Wasser
- 60 g Tahini (Sesampaste)
- 30 ml Olivenöl
- 3 EL Zitronensaft
- Kreuzkümmel
- Salz

Zubereitung

Alle Zutaten bis auf die Gewürze in eine hohe Schüssel geben und mit einem Pürierstab vermengen. Anschließend mit Salz und Kreuzkümmel abschmecken.

TIPP

Der Hummus eignet sich als Brotaufstrich sowie als Dip zu Gemüsesticks für zwischendurch.

Avocado-Sesam-Paste

Für 4 Portionen

Zubereitungszeit: 5 Minuten

Eine Portion enthält:

181 kcal (757 kJ)	17 g Fett
4 g Eiweiß	5 g Kohlenhydrate

Zutaten

- 1 Avocado
- 60 g Frischkäse (vollfett, Natur)
- 1 EL Zitronensaft
- 20 g Tahini (Sesampaste)
- 20 g Sesam
- Salz, Pfeffer
- 1 EL frische, gehackte Kräuter, z. B. Koriander oder Petersilie

Zubereitung

1 Die Avocado halbieren, den Stein entfernen und das Fleisch mit einem Löffel aus der Schale lösen.

2 Die Avocado mit den restlichen Zutaten bis auf die Kräuter in eine Schüssel geben und alles mit einer Gabel zerdrücken.

3 Je nach Geschmack mit etwas Koriander oder Petersilie garnieren.

TIPP

Light-Frischkäse enthalten zwar weniger Fett, dafür allerdings meistens viele Zusatzstoffe. Eine gute Alternative mit weniger Fett ist der Frischkäse Buko Balance von Arla. Er enthält trotz weniger Fett keine Zusatzstoffe.

Eiersalat

Für 4 Portionen

Zubereitungszeit: 20 Minuten

Eine Portion enthält:

253 kcal (1059 kJ)	22 g Fett
10 g Eiweiß	3 g Kohlenhydrate

Zutaten

- 6 Eier
- 200 g Crème fraîche
- 1 TL Senf
- Salz, Pfeffer
- 4 Gewürzgurken
- 1 EL gehackter Schnittlauch
- 2 EL Gurkenwasser aus dem Glas der Gewürzgurken

Zubereitung

1 Die Eier 10 Minuten kochen. Zwei Eier mit Crème fraîche, Senf sowie Salz und Pfeffer in eine Schüssel geben und mit einem Pürierstab vermengen.

2 Die restlichen Eier sowie die Gurken in kleine Würfel schneiden und mit dem Schnittlauch und dem Gurkenwasser unter die Creme heben.

Thunfischcreme

Für 8 Portionen

Zubereitungszeit: 10 Minuten

Eine Portion enthält:

89 kcal (372 kJ)	6 g Fett
7 g Eiweiß	1 g Kohlenhydrate

Zutaten

- 200 g Thunfisch im eigenen Saft (Dose)
- 100 g Crème fraîche
- 50 g Frischkäse (vollfett, Natur)
- 1 Knoblauchzehe
- 1 TL Senf
- Salz, Pfeffer
- 1 EL gehackte Petersilie

Zubereitung

Alle Zutaten in eine kleine Schüssel geben und mit einer Gabel zu einer Creme vermengen.

Bohnen-Sesam-Aufstrich

Für 8 Portionen

Zubereitungszeit: 10 Minuten

Eine Portion enthält:

74 kcal (310 kJ)	5 g Fett
4 g Eiweiß	5 g Kohlenhydrate

Zutaten

- 1 Dose (255 g) weiße dicke Bohnen
- 2 EL Tahini (Sesampaste)
- 50 g Frischkäse (vollfett, Natur)
- Salz, Pfeffer
- 1 EL gehackte Petersilie

Zubereitung

1 Die Bohnen über einem Sieb abgießen und abspülen, anschließend in eine Schüssel geben und mit Tahini und Frischkäse pürieren.

2 Mit Salz und Pfeffer abschmecken und die Petersilie unter die Creme heben.

Käsecreme

Für 8 Portionen

Zubereitungszeit: 5 Minuten

Eine Portion enthält:

97 kcal (406 kJ)	8 g Fett
5 g Eiweiß	2 g Kohlenhydrate

Zutaten

- 1 Knoblauchzehe
- 200 g Frischkäse mit Kräutern (vollfett)
- 200 g Hüttenkäse
- 2 Frühlingszwiebeln
- 1 TL gehackter Dill
- 1 TL gehackter Schnittlauch
- Salz, Pfeffer

Zubereitung

Die Knoblauchzehe sehr fein würfeln, mit den restlichen Zutaten in einer Schüssel vermengen und mit Salz und Pfeffer abschmecken.

Mandel-Zimt-Creme

Für 8 Portionen

Zubereitungszeit: 5 Minuten

Eine Portion enthält:

151 kcal (632 kJ)	14 g Fett
4 g Eiweiß	2 g Kohlenhydrate

Zutaten

- 4 EL Mandelmus
- 200 g Frischkäse (Natur)
- 50 g gehackte Mandeln
- 1 TL Vollrohrzucker, Honig oder Erythrit
- 1 TL Zimt

Zubereitung

Das Mandelmus mit den restlichen Zutaten in einer Schüssel vermengen und abschmecken, je nach gewünschter Zimtnote entsprechend mehr oder weniger Zimt hinzugeben.

Winzer-Creme

Für 8 Portionen

Zubereitungszeit: 20 Minuten

Eine Portion enthält:

151 kcal (632 kJ)	14 g Fett
4 g Eiweiß	2 g Kohlenhydrate

Zutaten

- 2 Frühlingszwiebeln
- 100 g Lachsschinken
- 200 g körniger Frischkäse
- 100 g Schmand
- 50 g gehackte Mandeln

Zubereitung

Die Frühlingszwiebeln in feine Ringe schneiden, den Lachsschinken in feine Würfel schneiden und zusammen mit dem Frischkäse, dem Schmand und den gehackten Mandeln in einer kleinen Schüssel zu einer Creme vermengen.

Tomaten-Käse-Creme

Für 8 Portionen

Zubereitungszeit: 10 Minuten

Eine Portion enthält:

89 kcal (372 kJ)	6 g Fett
7 g Eiweiß	1 g Kohlenhydrate

Zutaten

- 1 Knoblauchzehe
- 200 g Cocktailtomaten
- 200 g körniger Frischkäse
- 10 Basilikumblätter
- 1 EL gehackte Petersilie
- Salz, Pfeffer

Zubereitung

1 Die Knoblauchzehe sehr fein würfeln, die Tomaten ebenfalls sehr klein schneiden.

2 Mit den restlichen Zutaten in einer Schüssel vermengen und mit Salz und Pfeffer abschmecken.

HIGH-PROTEIN-REZEPTE VEGETARISCH

Orientalischer Quinoasalat

Für 4 Portionen

Zubereitungszeit: 25 Minuten

Eine Portion enthält:

563 kcal (2356 kJ)	24 g Fett
20 g Eiweiß	67 g Kohlenhydrate

Zutaten

Für den Salat:

320 g Quinoa
1 Granatapfel
2 Mandarinen
2 Möhren
100 g Sojakerne

Für das Dressing:

4 EL Rapsöl
4 EL Apfelessig
1 Msp. Senf
Salz, Pfeffer
Kreuzkümmel, Zimt, Curry
½ Bund glatte Petersilie

Zubereitung

1 Die Quinoa mit der 1,5-fachen Menge an Wasser in einen kleinen Topf geben, 10 Minuten bei mittlerer Hitze köcheln und anschließend bei geschlossenem Deckel weitere 5 Minuten ziehen lassen.

2 Den Granatapfel halbieren und über einer Schüssel mit einem Holzlöffel auf die Schale schlagen, bis die Kerne herausfallen.

3 Die Mandarinen schälen und in kleine Stücke schneiden, Möhren schälen und raspeln. Anschließend Quinoa, Mandarinen, Granatapfelkerne, Möhrenraspel und Sojakerne vermengen.

4 Mit den restlichen Zutaten für das Dressing vermengen und abschmecken.

Kartoffel-Tofu-Suppe

Für 4 Portionen

Zubereitungszeit: 40 Minuten

Eine Portion enthält:

538 kcal (1602 kJ)	32 g Fett
23 g Eiweiß	40 g Kohlenhydrate

Zutaten

- 400 g festkochende Kartoffeln
- 1 Möhre
- 1 Zwiebel
- ½ Stange Lauch
- 2 EL Rapsöl
- 1 l Gemüsebrühe
- 200 g Crème fraîche
- Salz, Pfeffer
- 1 Msp. Muskat
- 2 EL Petersilie
- 400 g geräucherter Tofu

Zubereitung

1 Kartoffeln, Möhre und Zwiebel schälen und grob würfeln, Lauch in Ringe schneiden. 1 EL Öl in einem Topf erhitzen, darin das Gemüse für 5 Minuten anbraten, dann mit 1 l Gemüsebrühe ablöschen. Abgedeckt 20 Minuten köcheln lassen.

2 Anschließend Crème fraîche, Salz und Pfeffer sowie Muskat und Petersilie dazugeben und alles mit einem Pürierstab mixen. Je nach gewünschter Konsistenz weiteres Wasser hinzugeben.

3 Tofu würfeln, in einer Pfanne das restliche Öl erhitzen und den Tofu 10 Minuten knusprig anbraten. Anschließend in die Suppe geben.

Brokkoli-Mango-Salat mit Kichererbsen

Für 4 Portionen

Zubereitungszeit: 20 Minuten

Eine Portion enthält:

482 kcal (2017 kJ)	24 g Fett
20 g Eiweiß	43 g Kohlenhydrate

Zutaten

- 2 Brokkoli
- 1 Mango
- 1 Avocado
- 1 Dose (400 g) Kichererbsen
- 100 g Bambussprossen aus der Dose
- 4 EL Olivenöl
- 3 EL Apfelessig
- Salz, Pfeffer
- Kreuzkümmel, Curry
- 1 Bund Petersilie

Zubereitung

1 Brokkoli sehr fein raspeln und in eine Schüssel geben. Die Mango schälen und in Würfel schneiden.

2 Avocado halbieren und den Stein herauslösen. Das Fruchtfleisch mit einem Löffel von der Schale trennen, in Würfel schneiden und zum Salat geben.

3 Kichererbsen in ein Sieb schütten, abspülen und mit den abgegossenen Bambussprossen unter den Salat mengen.

4 Öl, Essig und Gewürze hinzugeben und zuletzt die gehackte Petersilie über den Salat streuen.

Proteinpizza mit Rucola und Tomate

Für 2 kleine Pizzen

Zubereitungszeit: 30 Minuten
Backzeit: 20 Minuten

Eine Portion enthält:

535 kcal (2238 kJ)	19 g Fett
30 g Eiweiß	58 g Kohlenhydrate

Zutaten

- 200 g Magerquark
- 150 g Dinkelmehl, Type 630
- 1 EL geschrotete Leinsamen
- 1 TL Backpulver
- Salz
- 4 EL Tomatenmark
- Salz, Pfeffer
- Oregano, Thymian
- 50 ml Wasser
- 1 große Tomate
- 100 g Oliven
- 50 g Emmentaler
- 2 Handvoll Rucola
- Frisches Basilikum

Zubereitung

1 Den Backofen auf 180 °C (Ober-/Unterhitze) vorheizen.

2 Magerquark, Dinkelmehl, Leinsamen, Backpulver und ½ TL Salz in einer Schüssel mit einem Handrührgerät vermengen, dann den Teig mit den Händen kneten und mit einem Nudelholz zwischen zwei Backpapieren zu zwei Pizzen ausrollen.

3 Das Tomatenmark mit etwas Salz, Pfeffer, Oregano und Thymian in eine kleine Schüssel geben und mit Wasser glattrühren.

4 Die Pizzen mit der Tomatenpaste bestreichen, Tomaten und Oliven würfeln und auf den Pizzen verteilen.

5 Emmentaler reiben und über die Pizzen streuen. Anschließend das Ganze für 20 Minuten in den Backofen stellen.

6 In der Zeit den Rucola und das Basilikum waschen, hacken und hinterher über die fertigen Pizzen streuen.

TIPP

Dieser Teig lässt sich super auf Vorrat herstellen und einfrieren, so haben Sie bei Bedarf spontan einen High-Protein-Teig zur Hand.

Schnelle Kürbis-Linsen-Suppe

Für 4 Portionen

Zubereitungszeit: 30 Minuten

Eine Portion enthält:

473 kcal (1979 kJ)	23 g Fett
20 g Eiweiß	53 g Kohlenhydrate

Zutaten

- ½ Hokkaidokürbis
- 2 EL Rapsöl
- 300 g Suppengemüse (TK)
- 120 g rote Linsen
- 400 ml Kokosmilch
- 1 l Gemüsebrühe
- Salz, Pfeffer
- Curry, Kreuzkümmel, Kurkuma

Zubereitung

1 Den Kürbis halbieren, entkernen und in grobe Würfel schneiden. Das Öl in einem großen Topf erhitzen und darin den Kürbis anbraten.

2 Das Suppengemüse sowie die roten Linsen, die Kokosmilch und die Gemüsebrühe dazugeben. Bei geschlossenem Deckel und mittlerer Hitze 20 Minuten köcheln lassen.

3 Anschließend alles pürieren und mit den Gewürzen abschmecken. Je nach gewünschter Konsistenz Wasser nachgeben.

Couscoussalat mit Pistazien

Für 4 Portionen

Zubereitungszeit: 30 Minuten

Eine Portion enthält:

625 kcal (2615 kJ)	26 g Fett
23 g Eiweiß	77 g Kohlenhydrate

Zutaten

- 1 TL Gemüsebrühe
- 300 g Couscous
- 3 rote Paprika
- 1 Zwiebel
- 150 g Tomaten
- 2 EL Rapsöl
- 80 g Pistazien
- 1 TL Rosmarin
- 150 g Gurken
- 120 g Feta
- 400 g griechischer Joghurt
- Salz, Pfeffer
- 2 Bio-Zitronen

Zubereitung

1 500 ml Wasser im Wasserkocher erhitzen und anschließend mit 1 TL Gemüsebrühe in eine große Schüssel geben. Den Couscous mit dem Wasser verrühren und 5 Minuten abgedeckt quellen lassen.

2 Paprika, Zwiebel und Tomaten würfeln, das Öl in einer Pfanne erhitzen und darin die Paprika-, Zwiebel- und Tomatenwürfel 5 Minuten anbraten. Pistazien hacken und zusammen mit dem Rosmarin dazugeben. Das fertige Gemüse zum Couscous geben.

3 Gurke würfeln, Feta zerbröseln und beides zu dem Salat geben, den griechischen Joghurt unterheben und mit Salz und Pfeffer würzen.

4 Die Zitronen auspressen, den Saft über den Salat träufeln und etwas Abrieb der Schale untermengen.

TIPP

Achten Sie beim Kauf der Gemüsebrühe auf die Zutatenliste. Sie sollte keine Geschmacksverstärker wie Hefeextrakt und auch keinen Zucker enthalten.

Ofenkartoffel mit Quark-Dip und Möhrenrohkost

Für 4 Portionen

Zubereitungszeit: 15 Minuten
Backzeit: 45 Minuten

Eine Portion enthält:

623 kcal (2607 kJ)	22 g Fett
26 g Eiweiß	81 g Kohlenhydrate

Zutaten

- 1,2 kg festkochende Kartoffeln
- 2 EL Olivenöl
- 2 Stängel Rosmarin
- Salz

Für den Dip:

- 600 g Magerquark
- Salz, Pfeffer
- 1 TL Vollrohrzucker, Honig oder Erythrit
- 2 EL frische Kräuter: Petersilie, Schnittlauch, Dill

Für die Rohkost:

- 800 g Möhren
- 1 Apfel
- 2 EL Rapsöl
- Salz, Pfeffer
- 1 Bio-Zitrone
- 40 g Walnüsse

Zubereitung

1 Den Backofen auf 180 °C (Ober-/Unterhitze) vorheizen. Die Kartoffeln der Breite nach mit mehreren Schnitten 2 cm einschneiden und in eine Auflaufform geben. Mit dem Olivenöl bestreichen, Rosmarin hacken und darübergeben und das Ganze mit Salz bestreuen. Anschließend für 45 Minuten in den Backofen stellen.

2 Den Quark mit Salz, Pfeffer, Zucker und den frischen Kräutern in eine Schüssel geben. 50 ml Wasser hinzugeben und mit einem Handrührgerät cremig schlagen.

3 Möhren und Apfel schälen, mit einer Reibe raspeln und mit Rapsöl, Salz, Pfeffer sowie dem Saft und etwas Abrieb der Zitrone vermengen. Walnüsse hacken und dazugeben. Anschließend alles zusammen anrichten und servieren.

Spinat-Kartoffel-Spiegelei

Für 4 Portionen

Zubereitungszeit: 30 Minuten

Eine Portion enthält:

510 kcal (2134 kJ)	27 g Fett
20 g Eiweiß	45 g Kohlenhydrate

Zutaten

- 800 g festkochende Kartoffeln
- 1 Zwiebel
- 1 Knoblauchzehe
- 2 EL Rapsöl
- 800 g Spinat, TK
- 2 EL Frischkäse (vollfett, Natur)
- Salz, Pfeffer
- Muskat
- 8 Eier

Zubereitung

1 Einen großen Topf mit Wasser aufsetzen, darin die Kartoffeln für 20 Minuten kochen, anschließend abkühlen lassen und die Schale entfernen.

2 Zwiebel und Knoblauch fein würfeln, in einer Pfanne 1 EL Öl erhitzen, darin die Zwiebel und den Knoblauch anschwitzen.

3 Den Spinat hinzugeben, mit 100 ml Wasser aufgießen und 5 Minuten köcheln lassen, bis der Spinat aufgetaut ist.

4 Anschließend den Frischkäse untermengen und mit Salz, Pfeffer und Muskat abschmecken.

5 In einer weiteren Pfanne 1 EL Öl erhitzen und darin die Eier braten, mit Salz und Pfeffer würzen und dann mit den Kartoffeln und dem Spinat anrichten.

TIPP

Achten Sie beim Kauf von tiefgekühltem Spinat auf die Zutatenliste. Sie sollte lediglich Spinat enthalten und keine Gewürze, Verdickungsmittel oder Sahne.

Quinoa-Bratlinge mit Rote Bete und Salat

Für 4 Portionen

Zubereitungszeit: 45 Minuten

Eine Portion enthält:

589 kcal (4264 kJ)	30 g Fett
21 g Eiweiß	55 g Kohlenhydrate

Zutaten

Für die Bratlinge:

- 320 g Quinoa
- 500 ml Gemüsebrühe
- 100 g Rote Bete
- 1 Zwiebel
- 40 g Hefeflocken
- 40 g Sesam
- Salz, Pfeffer
- Kreuzkümmel, Curry
- 2 EL Rapsöl

Für den Salat:

- 200 g Feldsalat
- 2 EL Walnussöl
- 2 EL Apfelessig
- Salz, Pfeffer
- 1 TL Honig
- 40 g Kürbiskerne

Zubereitung

1 Quinoa in einem Sieb unter laufendem Wasser abspülen. Zusammen mit der Gemüsebrühe in einen Topf geben und 10 Minuten bei mittlerer Hitze köcheln lassen, dann bei geschlossenem Deckel weitere 10 Minuten ziehen lassen.

2 Die Rote Bete schälen, zu der Quinoa raspeln, die Zwiebel fein würfeln und die Hälfte ebenfalls dazugeben.

3 Hefeflocken und Sesam unter die Quinoa mengen und mit Salz, Pfeffer, Kreuzkümmel und Curry würzen.

4 Das Öl in einer Pfanne erhitzen, aus der Quinoa-Mischung mit angefeuchteten Händen kleine Kugeln formen, flach drücken und in die Pfanne geben. Von beiden Seiten jeweils 5 Minuten braten.

5 Feldsalat säubern, mit der restlichen gewürfelten Zwiebel sowie Walnussöl, Apfelessig, Salz, Pfeffer und Honig vermengen.

6 Bratlinge mit dem Salat anrichten und mit Kürbiskernen garnieren.

TIPP

Hefeflocken sind reich an Eiweiß und Nährstoffen, sie verleihen dem Essen ein käseähnliches Aroma und verbessern die Bindung der Bratlinge.

Kürbis-Feta-Pfanne

Für 4 Portionen

Zubereitungszeit: 45 Minuten

Eine Portion enthält:

543 kcal (2272 kJ)	36 g Fett
23 g Eiweiß	40 g Kohlenhydrate

Zutaten

- 1,2 kg Hokkaidokürbis
- 1 Zwiebel
- 400 g Tofu Mandel-Nuss
- 4 EL Rapsöl
- Salz, Pfeffer
- Curry, Kreuzkümmel, Zimt
- 1 TL Honig
- 1 Avocado
- 40 g Kürbiskerne

Zubereitung

1 Den Kürbis halbieren, entkernen, in Scheiben und dann in etwa 1 cm große Würfel schneiden. Die Zwiebel und den Tofu würfeln.

2 Das Öl in einer beschichteten Pfanne erhitzen, darin den Kürbis mit den Tofu- und Zwiebelwürfeln für ca. 15 Minuten anbraten. Mit Salz, Pfeffer, Curry, Kreuzkümmel und Zimt würzen und mit Honig abschmecken.

3 Die Avocado halbieren, den Stein entfernen, mit einem Löffel das Fleisch aus der Schale lösen und würfeln. Am Schluss zu der Kürbispfanne geben und mit Kürbiskernen garnieren.

TIPP

Für Einsteiger eignet sich bereits gewürzter Tofu, besonders lecker ist der Mandel-Nuss-Tofu.

Linsen-Kokos-Suppe

Für 4 Portionen

Zubereitungszeit: 45 Minuten

Eine Portion enthält:

537 kcal (2247 kJ)	30 g Fett
20 g Eiweiß	50 g Kohlenhydrate

Zutaten

- 1 kleine Zwiebel
- 1 Knoblauchzehe
- 1 gelbe Paprika
- 1 rote Paprika
- 2 cm Ingwer
- 2 EL Rapsöl
- 220 g rote Linsen
- 1 Dose (400 ml) Kokosmilch
- 1 Dose (400 g) passierte Tomaten
- Salz, Pfeffer
- Kreuzkümmel, Curry

Zubereitung

1 Zwiebel, Knoblauch und Paprika würfeln. Ingwer sehr fein würfeln.

2 Das Öl in einem Topf erhitzen und darin Zwiebel, Knoblauch, Paprika und Ingwer kurz anbraten.

3 Die restlichen Zutaten hinzugeben, bei geschlossenem Deckel auf mittlerer Hitze 15 Minuten köcheln lassen und anschließend mit den Gewürzen abschmecken.

TIPP

Achten Sie beim Kauf von Kokosmilch auf die Zutatenliste. Sie sollte mindestens 70 Prozent Kokos enthalten, der Rest sollte hauptsächlich aus Wasser bestehen. Leider enthalten viele Sorten bisweilen einiges an Zusatzstoffen.

Tofu-Chili

Für 4 Portionen

Zubereitungszeit: 20 Minuten

Eine Portion enthält:

372 kcal (1556 kJ)	19 g Fett
24 g Eiweiß	26 g Kohlenhydrate

Zutaten

- 400 g Tofu
- 1 Zwiebel
- 2 rote Paprika
- 1 Knoblauchzehe
- 2 EL Rapsöl
- 2 EL Tomatenmark
- 1 Dose (255 g) Mais
- 1 Dose (255 g) Kidneybohnen
- 1 Dose (400 g) passierte Tomaten
- 1 Msp. Vollrohrzucker, Honig oder Erythrit
- ½ TL Backkakao
- Salz, Pfeffer
- Kreuzkümmel

Zubereitung

1 Tofu, Zwiebel, Paprika und Knoblauch würfeln. Das Öl erhitzen und darin das Gemüse für 5 Minuten anbraten. Das Tomatenmark dazugeben und kurz mit anschwitzen.

2 Danach den Mais und die Kidneybohnen in einem Sieb abgießen und mit fließendem Wasser abspülen. Anschließend mit den passierten Tomaten zum Gemüse in den Topf geben.

3 Das Ganze 5 Minuten köcheln lassen und anschließend mit Vollrohrzucker, Backkakao und Gewürzen abschmecken.

Veggie-Bowl

Für 4 Portionen

Zubereitungszeit: 30 Minuten

Eine Portion enthält:

372 kcal (1556 kJ)	19 g Fett
24 g Eiweiß	26 g Kohlenhydrate

Zutaten

- 500 g Blumenkohl
- 1 EL Kokosöl
- Salz, Pfeffer
- Curry
- 4 Möhren
- 4 Eier
- 250 g Cocktailtomaten
- 2 Avocados
- 120 g Feta

Für das Dressing:

- 3 EL Rapsöl
- 1 TL Honig
- 1 Limette
- 1 EL Apfelessig
- Salz, Pfeffer
- ½ Bund frischer Koriander
- 4 EL Sesam

Zubereitung

1 Den Blumenkohl in einer Küchenmaschine fein raspeln, dann das Kokosöl in einer Pfanne erhitzen und darin den Blumenkohl für 5 Minuten anbraten. Mit Salz, Curry und Pfeffer würzen und auf vier Schüsseln verteilen.

2 Die Möhren schälen, raspeln und ebenfalls in die Schüsseln geben.

3 Die vier Eier als Spiegeleier ausbraten.

4 Die Cocktailtomaten halbieren und auf die Schüsseln verteilen. Die Avocados halbieren, den Stein herauslösen, mit einem Löffel das Fleisch von der Schale entfernen. In Würfel schneiden und auf die Schüsseln verteilen. Den Feta würfeln und ebenfalls dazugeben.

5 Aus Rapsöl, Honig, dem Saft sowie etwas Abrieb der Limette, Apfelessig, Salz und Pfeffer ein Dressing mischen und auf die vier Schüsseln verteilen.

6 Abschließend die Spiegeleier auf die Bowls geben, den Koriander hacken und zusammen mit dem Sesam darüberstreuen.

Linsenbratlinge

Für 4 Portionen

Zubereitungszeit: 45 Minuten
Einweichzeit: über Nacht

Eine Portion enthält:

423 kcal (1770 kJ)	16 g Fett
22 g Eiweiß	46 g Kohlenhydrate

Zutaten

- 240 g rote Linsen
- 1 kleine Zwiebel
- 1 Knoblauchzehe
- 2 Möhren
- Salz, Pfeffer
- Kreuzkümmel, Curry
- 4 EL Rapsöl

Zubereitung

1 Linsen über Nacht in einer Schüssel mit viel Wasser einweichen lassen. Am nächsten Tag das Wasser abgießen und lange abtropfen lassen oder mit einem Küchentuch die Flüssigkeit abtupfen.

2 Zwiebel, Knoblauch und Möhren schälen, grob würfeln und zu den Linsen geben. Die Gewürze dazugeben und alles mit einem Pürierstab vermengen.

3 Das Öl in einer beschichteten Pfanne erhitzen, die Hände mit kaltem Wasser anfeuchten. Mit einem Löffel etwas Masse aus der Schüssel nehmen, in den Händen flach drücken und in die Pfanne geben. Erst wenden, wenn die Masse gestockt ist. Für ca. 15 Minuten ausbraten.

TIPP

Rote und gelbe Linsen müssen nicht vorgekocht werden und eignen sich somit perfekt für Bratlinge. Einfach über Nacht einweichen und los geht's.

Spinat-Parmesan-Knödel

Für 4 Portionen

Zubereitungszeit: 30 Minuten

Eine Portion enthält:

623 kcal (1556 kJ)	25 g Fett
24 g Eiweiß	81 g Kohlenhydrate

Zutaten

- 1 Zwiebel
- 1 Knoblauchzehe
- 500 g Spinat
- 250 g Dinkelmehl, Type 630
- 2 Eier
- 3 Kaiserbrötchen (vom Vortag)
- 2 EL Parmesan
- 2 EL Semmelbrösel
- 4 EL Butter
- Salz, Pfeffer
- Muskat

Zubereitung

1 Zwiebel und Knoblauch sehr fein würfeln. Spinat waschen und Strünke entfernen.

2 In einer Schüssel Mehl, Zwiebel, Knoblauch und Spinat vermengen. Die Eier unterrühren und die Masse mit den Händen kneten.

3 Die Brötchen klein würfeln und dazugeben, alles zu einem Teig vermengen. Hände mit kaltem Wasser anfeuchten, Knödel formen und diese in siedendem Wasser für ca. 10 Minuten garen.

4 Den Parmesan reiben. Die Semmelbrösel in 2 EL Butter anrösten, würzen und mit dem Parmesan vermischen.

5 Die Knödel aus dem Wasser holen und in einer Pfanne mit der restlichen Butter anbraten. Anschließend mit den Semmelbröseln anrichten und servieren.

Pasta mit Feta und Kichererbsen

Für 4 Portionen

Zubereitungszeit: 20 Minuten

Eine Portion enthält:

797 kcal (3335 kJ) | 39 g Fett
26 g Eiweiß | 79 g Kohlenhydrate

Zutaten

- 40 g Pinienkerne
- 1 Bund Basilikum
- 50 g geriebener Parmesan
- ½ TL Salz
- 100 ml Olivenöl
- 400 g Dinkelnudeln
- 1 Dose Kichererbsen
- 100 g Feta

Zubereitung

1 Die Pinienkerne ohne Fett in einer Pfanne anrösten, kurz abkühlen lassen und dann mit Basilikum, Parmesan und Salz in eine hohe Schüssel geben. Nach und nach das Olivenöl zugeben und alles mit einem Pürierstab mixen.

2 Die Nudeln nach Packungsanleitung kochen, abgießen und sofort mit dem Pesto vermengen. Kichererbsen unterheben. Feta grob würfeln und ebenfalls unterheben.

Kürbis mit Couscous

Für 4 Portionen

Zubereitungszeit: 20 Minuten
Backzeit: 25 Minuten

Eine Portion enthält:

636 kcal (2661 kJ)	30 g Fett
20 g Eiweiß	76 g Kohlenhydrate

Zutaten

- 1,2 kg Hokkaidokürbis
- 1 Zwiebel
- 1 Knoblauchzehe
- 2 EL Rapsöl
- 100 g gehackte Mandeln
- 4 Datteln
- 140 g Couscous
- 180 ml Gemüsebrühe
- Salz, Pfeffer
- Zimt, Curry
- 160 g Feta

Zubereitung

1 Den Backofen auf 180 °C (Ober-/Unterhitze) vorheizen.

2 Den Kürbis vierteln und die Stücke für 5 Minuten in den Backofen geben.

3 Das Öl in einer Pfanne erhitzen und darin die fein gewürfelte Zwiebel und den ebenfalls fein gewürfelten Knoblauch anschwitzen.

4 Die gehackten Mandeln und die fein gewürfelten Datteln dazugeben, anschließend den Couscous und die Gemüsebrühe untermengen. Alles abgedeckt etwa 3 Minuten lang ziehen lassen.

5 Den Couscous mit Salz, Pfeffer, Zimt und Curry würzen, den Feta klein schneiden und untermengen.

6 Den Kürbis aus dem Backofen nehmen, mit der Couscousmasse füllen und für weitere 20 Minuten in den Backofen stellen.

Rote Bete-Feta-Salat

Für 4 Portionen

Zubereitungszeit: 45 Minuten

Eine Portion enthält:

452 kcal (1891 kJ)	32 g Fett
20 g Eiweiß	18 g Kohlenhydrate

Zutaten

- 500 g vakuumierte Rote Bete
- 200 g Feta
- 1 Pck. Rucola (125 g)
- 100 g Sonnenblumenkerne
- 200 g körniger Frischkäse
- 2 EL Olivenöl
- 1 Bio-Zitrone
- Salz, Pfeffer

Zubereitung

1 Rote Bete und Feta würfeln, Rucola in der Mitte durchschneiden, wenn es große Blätter sind.

2 Sonnenblumenkerne in einer Pfanne ohne Öl anrösten.

3 Alle Zutaten in eine Schüssel geben und den körnigen Frischkäse untermengen. Mit Öl, dem Saft und etwas Abrieb der Zitrone sowie Salz und Pfeffer abschmecken.

Linsen-Blumenkohl-Curry

Für 4 Portionen

Zubereitungszeit: 45 Minuten

Eine Portion enthält:

601 kcal (2515 kJ)	26 g Fett
20 g Eiweiß	73 g Kohlenhydrate

Zutaten

- 1 kleine Zwiebel
- 1 Knoblauchzehe
- 2 EL Rapsöl
- 1 EL rote Currypaste
- 500 g Blumenkohl
- 300 g Lauch
- 1 Dose (400 ml) Kokosmilch
- 200 ml Gemüsebrühe
- 160 g rote Linsen
- 200 g Jasminreis
- Salz, Pfeffer
- Kreuzkümmel
- Paprika edelsüß
- Frischer Koriander

Zubereitung

1 Zwiebel und Knoblauch fein würfeln. In einer Pfanne 1 EL Öl erhitzen und darin die Currypaste mit Zwiebel und Knoblauch für 2 Minuten anschwitzen.

2 Den Blumenkohl in feine Röschen schneiden, den Lauch der Länge nach durchschneiden und in Halbringe schneiden. Blumenkohl und Lauch in die Pfanne geben und 5 Minuten mit anbraten.

3 Mit Kokosmilch und Gemüsebrühe ablöschen, Linsen dazugeben, den Deckel schließen und für 15 Minuten bei mittlerer Hitze köcheln lassen.

4 Den Reis mit der doppelten Menge Wasser sowie einer Prise Salz und 1 EL Öl für 20 Minuten bei geschlossenem Deckel köcheln lassen.

5 Alles vermischen, mit den Gewürzen und frischem, gehacktem Koriander abschmecken und servieren.

TIPP

Der Blumenkohl lässt sich auch perfekt durch Brokkoli, Weißkohl, Wirsing, Möhren oder ähnliches, festes Gemüse ersetzen.

Veggie-Bolognese

Für 4 Portionen

Zubereitungszeit: 45 Minuten

Eine Portion enthält:

598 kcal (2502 kJ)	11 g Fett
26 g Eiweiß	95 g Kohlenhydrate

Zutaten

- 1 Zwiebel
- 1 Knoblauchzehe
- 2 EL Rapsöl
- 2 EL Tomatenmark
- 1 rote Paprika
- 1 gelbe Paprika
- 160 g rote Linsen
- 1 Dose (500 ml) passierte Tomaten
- 200 ml Gemüsebrühe
- 400 g Vollkornnudeln
- Salz, Pfeffer
- Paprika edelsüß
- 1 TL Zucker
- Frische Kräuter, z. B. Basilikum, Schnittlauch, Oregano, Thymian

Zubereitung

1 Zwiebel und Knoblauch fein würfeln. In einer Pfanne 1 EL Öl erhitzen, darin Zwiebel und Knoblauch kurz anschwitzen, das Tomatenmark dazugeben und kurz mitbraten.

2 Die Paprika würfeln und für 5 Minuten mit in die Pfanne geben. Anschließend Linsen, passierte Tomaten und Gemüsebrühe dazugeben. Bei geschlossenem Deckel und mittlerer Hitze 15 Minuten köcheln lassen.

3 In dieser Zeit einen Topf mit Wasser aufstellen, etwas Salz hineingeben und die Nudeln 10 Minuten lang kochen.

4 Die Soße mit den Gewürzen und dem Zucker abschmecken, die frischen Kräuter dazugeben und die Nudeln mit der Soße servieren.

TIPP

Nudeln sofort mit der Soße servieren, anstatt vorher Öl hinzuzugeben. Die Kalorien sind überflüssig, vor allem, weil ölige Nudeln die Soße nicht mehr gut aufnehmen.

Chili sin Carne

Für 4 Portionen

Zubereitungszeit: 45 Minuten

Eine Portion enthält:

423 kcal (1770 kJ)	25 g Fett
24 g Eiweiß	30 g Kohlenhydrate

Zutaten

- 2 Zwiebeln
- 1 Knoblauchzehe
- 2 rote Paprika
- 400 g Tofu Natur
- 200 g Staudensellerie
- 4 EL Olivenöl
- 400 ml Gemüsebrühe
- 1 Dose (500 g) passierte Tomaten
- 1 Dose (255 g) Kidneybohnen
- 1 Dose (255 g) Mais
- Salz, Pfeffer
- Kreuzkümmel
- Paprika edelsüß
- 1 TL Vollrohrzucker, Honig oder Erythrit
- Frischer Koriander

Zubereitung

1 Zwiebeln, Knoblauch, Paprika, Tofu und Sellerie fein würfeln.

2 Das Öl in einem Topf erhitzen, Zwiebeln und Knoblauch für 2 Minuten anschwitzen.

3 Anschließend den Tofu dazugeben und 5 Minuten scharf anbraten, dann Paprika und Sellerie dazugeben und für weitere 2 Minuten braten.

4 Mit Gemüsebrühe und passierten Tomaten ablöschen.

5 Kidneybohnen und Mais über einem Sieb abgießen und ebenfalls in den Topf geben. Für 10 Minuten auf mittlerer Hitze köcheln lassen und anschließend mit Gewürzen, Zucker und frisch gehacktem Koriander abschmecken.

Brokkoli-Mandel-Pfanne mit Quinoa

Für 4 Portionen

Zubereitungszeit: 30 Minuten

Eine Portion enthält:

509 kcal (2130 kJ)	19 g Fett
22 g Eiweiß	52 g Kohlenhydrate

Zutaten

- 800 g Brokkoli
- 1 Zwiebel
- 1 Knoblauchzehe
- 2 EL Rapsöl
- 1 EL Currypaste
- 1 Dose (400 g) Kokosmilch
- 300 ml Mandelmilch
- 2 EL Mandelmus
- 200 g Quinoa
- 1 TL Gemüsebrühe
- Salz, Pfeffer

Zubereitung

1 Brokkoli in kleine Röschen schneiden, Zwiebel und Knoblauch fein würfeln.

2 Das Öl in einer Pfanne erhitzen und darin die Zwiebel und den Knoblauch kurz anschwitzen. Den Brokkoli sowie die Currypaste dazugeben und kurz mit anbraten.

3 Anschließend mit der Kokosmilch und der Mandelmilch ablöschen und das Mandelmus hinzugeben. Bei geschlossenem Deckel und mittlerer Hitze 15 Minuten köcheln lassen.

4 In dieser Zeit die Quinoa mit der 1,5-fachen Menge Wasser sowie 1 TL Gemüsebrühe in einem Topf bei geschlossenem Deckel 10 Minuten köcheln lassen, anschließend 10 Minuten quellen lassen.

5 Die Soße würzen und je nach gewünschter Konsistenz etwas Wasser hinzugeben. Gemeinsam mit der Quinoa servieren.

TIPP

Verwenden Sie Mandelmus ohne Zucker. Achten Sie zudem beim Kauf der Mandelmilch auf die Zutatenliste; sie sollte nur Mandeln, Wasser und Salz enthalten.

Zucchininudeln

Für 4 Portionen

Zubereitungszeit: 30 Minuten

Eine Portion enthält:

415 kcal (1736 kJ)	21 g Fett
21 g Eiweiß	42 g Kohlenhydrate

Zutaten

- 120 g Vollkornspaghetti
- 1 Zwiebel
- 1 Knoblauchzehe
- 2 EL Rapsöl
- 120 g Tomaten
- 15 Stück getrocknete Tomaten
- 1,2 kg Zucchini
- Salz, Pfeffer
- Frische Kräuter: Basilikum, Thymian, Oregano
- 100 g Parmesan
- 40 g Sonnenblumenkerne

Zubereitung

1 Einen Topf mit Wasser erhitzen, darin die Spaghetti 10 Minuten kochen und anschließend abgießen.

2 Zwiebel und Knoblauch würfeln, das Öl in einer Pfanne erhitzen und darin die Zwiebel und den Knoblauch anschwitzen.

3 Die frischen und die getrockneten Tomaten ebenfalls würfeln und in der Pfanne 5 Minuten mit anbraten.

4 Zucchini mit einem Spiralschäler in feine Streifen schneiden und mit in die Pfanne geben. Für 5 Minuten mit anbraten, sodass die Zucchini noch knackig bleiben.

5 Mit Gewürzen und frischen Kräutern abschmecken, mit den Spaghetti anrichten und mit frischem Parmesan und Sonnenblumenkernen garnieren.

TIPP

Reiben Sie den Parmesan selbst, das schmeckt besser und verleiht dem Ganzen eine hausgemachte Note.

Polentaschnitten mit mediterraner Gemüsepfanne

Für 4 Portionen

Zubereitungszeit: 30 Minuten

Eine Portion enthält:

579 kcal (2130 kJ)	28 g Fett
21 g Eiweiß	65 g Kohlenhydrate

Zutaten

- 1 l Gemüsebrühe
- 2 EL Hefeflocken
- 250 g Polenta
- 1 EL Butter
- 500 g braune Champignons
- 1 rote Paprika
- 1 gelbe Paprika
- 400 g Aubergine
- 1 Zwiebel
- 1 Knoblauchzehe
- 4 EL Rapsöl
- 2 EL Tomatenmark
- 3 große Tomaten
- 160 g Feta
- Salz, Pfeffer
- Frische Kräuter: Oregano, Rosmarin, Thymian

Zubereitung

1 Die Gemüsebrühe in einem Topf erhitzen, Hefeflocken und Polenta einrühren und aufkochen. Den Herd ausschalten und das Ganze für ca. 8 Minuten bei geschlossenem Deckel quellen lassen, dabei immer wieder umrühren. Mit Salz und Pfeffer abschmecken.

2 Eine Auflaufform mit Butter einfetten, die Masse hineingeben, glattstreichen und abkühlen lassen.

3 Pilze vierteln, Paprika und Aubergine in kleine Würfel schneiden, Zwiebel und Knoblauch fein würfeln. 2 EL Öl in einer Pfanne erhitzen, darin die Zwiebeln und den Knoblauch anschwitzen. Pilze, Aubergine und Paprika dazugeben und 5 Minuten braten.

4 Das Tomatenmark hinzugeben und kurz mit anschwitzen, die Tomaten klein würfeln und mit in die Pfanne geben. Bei geschlossenem Deckel 10 Minuten köcheln lassen.

5 Den Feta zerbröseln, mit in die Pfanne geben, unterheben und mit Salz, Pfeffer und den frischen, gehackten Kräutern abschmecken.

6 Die abgekühlte Polenta aus der Form nehmen und in Dreiecke schneiden.

7 In einer weiteren Pfanne 2 EL Öl erhitzen und darin die Polentaschnitten von beiden Seiten knusprig anbraten. Anschließend mit dem Gemüse anrichten und servieren.

Bulgur-Feta-Salat

Für 4 Portionen

Zubereitungszeit: 30 Minuten

Eine Portion enthält:

663 kcal (2774 kJ)	40 g Fett
20 g Eiweiß	53 g Kohlenhydrate

Zutaten

- 240 g Bulgur
- 1 Zwiebel
- 1 Knoblauchzehe
- 400 g rote Paprika
- 400 g Zucchini
- 4 EL Rapsöl
- 200 g Feta
- 40 g Pinienkerne
- Salz, Pfeffer
- Frische Kräuter: Basilikum, Thymian, Oregano

Zubereitung

1 Einen Topf mit Wasser erhitzen und den Bulgur nach Packungsanleitung kochen.

2 Zwiebel, Knoblauch, Paprika und Zucchini würfeln, eine Pfanne mit Öl erhitzen und das Gemüse darin braten.

3 Anschließend mit dem Bulgur in eine Schüssel geben, den Feta mit der Hand zerbröseln und darüberstreuen.

4 Die Pinienkerne in einer Pfanne ohne Öl anbraten und zu dem Bulgur geben. Mit den Gewürzen und den frischen, gehackten Kräutern abschmecken und servieren.

Wintereintopf

Für 4 Portionen

Zubereitungszeit: 40 Minuten

Eine Portion enthält:

568 kcal (2377 kJ)	56 g Fett
21 g Eiweiß	20 g Kohlenhydrate

Zutaten

- 100 g Frühlingszwiebeln
- 2 EL Rapsöl
- 2 cm Ingwer
- 1 EL Currypulver
- 400 ml Kokosmilch
- 200 ml Gemüsebrühe
- 140 g schwarze Linsen
- 400 g Brokkoli
- 500 g vakuumierte Rote Bete
- Salz, Pfeffer
- Curry, Kreuzkümmel, Kurkuma
- 60 g Sesam
- 120 g Sprossen

Zubereitung

1 Etwas Grün der Frühlingszwiebeln zum Garnieren zur Seite legen. Die restlichen Zwiebelringe in Öl andünsten, geriebenen Ingwer dazugeben, mit Curry würzen und leicht salzen.

2 Mit Kokosmilch und Brühe ablöschen, Linsen hinzugeben und 10 Minuten köcheln lassen.

3 Brokkoli in Röschen schneiden, hinzugeben und bei geschlossenem Deckel 10 Minuten garen.

4 Rote Bete würfeln und in den Topf geben. Kurz aufkochen und mit Gewürzen abschmecken.

5 Mit Zwiebelgrün, Sesam und Sprossen garniert servieren.

Gebackener Ziegenkäse auf Rucola-Walnuss-Salat

Für 4 Portionen

Zubereitungszeit: 30 Minuten
Backzeit: 5 Minuten

Eine Portion enthält:

392 kcal (1640 kJ)	26 g Fett
21 g Eiweiß	20 g Kohlenhydrate

Zutaten

- 240 g Ziegenkäserolle
- 125 g Rucola
- 120 g Feigen
- 80 g Sojakerne
- 125 g Himbeeren (frisch oder TK)
- 125 ml Gemüsebrühe
- 2 EL Apfelessig
- 1 TL Honig
- 2 EL Rapsöl
- Salz, Pfeffer
- Frische Kräuter: Basilikum, Thymian, Oregano

Zubereitung

1 Den Backofen auf 180 °C (Umluft) vorheizen, Ziegenkäserollen auf ein Backpapier legen und für 5 Minuten in den Backofen stellen.

2 Rucola waschen und halbieren, wenn er große Blätter hat, Feigen waschen und fein würfeln, Sojakerne ohne Fett in einer Pfanne anrösten. Alles in eine Salatschüssel geben und vermischen.

3 Himbeeren, Gemüsebrühe, Essig, Honig, Öl und Gewürze in eine hohe Schüssel geben und fein pürieren, über den Salat geben und mit frischen, gehackten Kräutern bestreuen. Anschließend mit dem Ziegenkäse anrichten und servieren.

Kartoffel-Lauch-Gratin

Für 4 Portionen

Zubereitungszeit: 20 Minuten
Backzeit: 30 Minuten

Eine Portion enthält:

551 kcal (2305 kJ)	31 g Fett
20 g Eiweiß	49 g Kohlenhydrate

Zutaten

- 7 mittelgroße, festkochende Kartoffeln
- 600 g Lauch
- 1 EL Butter
- 2 Eier
- 200 ml Milch, 1,5 % Fett
- 1 Becher Crème fraîche
- Salz, Pfeffer
- Frische Kräuter: Petersilie, Schnittlauch, Rosmarin
- 140 g Gouda, 45 % Fett

Zubereitung

1 Den Backofen auf 180 °C (Umluft) vorheizen.

2 Kartoffeln schälen, in Scheiben schneiden und in einem Topf mit heißem Wasser 5 Minuten kochen.

3 Den Lauch der Länge nach halbieren und klein schneiden. Eine Auflaufform mit Butter einfetten, Lauch und Kartoffeln in die Form geben und vermengen.

4 Eier, Milch, Crème fraîche, Gewürze und Kräuter in einer hohen Schüssel verrühren und in die Auflaufform gießen.

5 Den Käse reiben, auf den Auflauf streuen und das Ganze für 30 Minuten in den Backofen stellen.

TIPP

Ob die Milch 1,5 Prozent oder etwas mehr Fett enthält spielt keine große Rolle. Viel wichtiger ist es, auf Bio-Qualität zu achten, da das Produkt in der Regel hochwertigere Fettsäuren enthält.

Spaghettikürbis mit Tofu-Nuss-Füllung

Für 4 Portionen

Zubereitungszeit: 30 Minuten
Backzeit: 45 Minuten

Eine Portion enthält:

461 kcal (1929 kJ)	27 g Fett
27 g Eiweiß	31 g Kohlenhydrate

Zutaten

- 1 Spaghettikürbis
- 1 Zwiebel
- 1 Knoblauchzehe
- 500 g Champignons
- 1 rote Paprika
- 200 g Räuchertofu
- 2 EL Rapsöl
- 2 EL Hefeflocken
- 100 g Frischkäse (vollfett, Natur)
- 150 ml Gemüsebrühe
- Salz, Pfeffer
- Frische Kräuter: Basilikum, Thymian, Oregano
- 100 g Parmesan

Zubereitung

1 Den Backofen auf 180 °C (Umluft) vorheizen.

2 Den Kürbis halbieren und die Kerne entfernen. Anschließend mit den Schnittflächen nach unten auf ein Backblech legen, Wasser auf das Blech schütten, sodass der Kürbis in 1 cm hohem Wasser liegt, und für 45 Minuten vorbacken.

3 Die Zwiebel und den Knoblauch fein würfeln, Pilze vierteln, Paprika und Tofu würfeln. Das Öl in einer Pfanne erhitzen und darin Zwiebeln und Knoblauch kurz anschwitzen. Tofu, Pilze und Paprika hinzugeben und für 10 Minuten anbraten.

4 Anschließend Hefeflocken, Frischkäse und Gemüsebrühe dazugeben, alles zu einer Soße vermengen und mit den Gewürzen sowie den frischen, gehackten Kräutern abschmecken.

5 Den Kürbis aus dem Backofen nehmen, mit einer Gabel das Kürbisfleisch auflockern, sodass Spaghetti entstehen, mit der Soße befüllen und mit frischem Parmesan bestreuen.

Vollkornnudeln mit Mandel-Avocado-Creme

Für 4 Portionen

Zubereitungszeit: 30 Minuten

Eine Portion enthält:

754 kcal (3155 kJ)	40 g Fett
20 g Eiweiß	78 g Kohlenhydrate

Zutaten

- 1 Avocado
- 40 g Mandeln
- 1 Bio-Zitrone
- Salz, Pfeffer
- 1 Msp. getrockneter Kreuzkümmel
- 1 Becher Crème fraîche
- 400 g Vollkornnudeln
- 1 Zucchini
- 250 g Cocktailtomaten
- 1 Zwiebel
- 2 EL Rapsöl
- Frischer Koriander

Zubereitung

1 Die Avocado halbieren, den Stein entfernen und mit einem Löffel das Fleisch herauslösen. Avocado, Mandeln, den Saft der Zitrone sowie Salz, Pfeffer, Kreuzkümmel und Crème fraîche in eine hohe Schüssel geben und mit einem Pürierstab mixen.

2 Einen Topf mit Wasser und Salz erhitzen, darin die Nudeln nach Packungsanleitung kochen und anschließend abgießen.

3 Zucchini und Tomaten klein schneiden, Zwiebel würfeln. Eine Pfanne mit Öl erhitzen, darin das Gemüse für 10 Minuten anbraten.

4 Die Nudeln dazugeben, die Mandelcreme unterheben und 2 Minuten mit erhitzen. Mit frischem, gehacktem Koriander anrichten und servieren.

Quinoa-Tofu-Pfanne

Für 4 Portionen

Zubereitungszeit: 30 Minuten

Eine Portion enthält:

574 kcal (2402 kJ)	29 g Fett
26 g Eiweiß	53 g Kohlenhydrate

Zutaten

- 240 g Quinoa
- 400 g Brokkoli
- 400 g rote Paprika
- 1 Zwiebel
- 200 g Tofu Mandel-Nuss
- 1 Knoblauchzehe
- 4 EL Rapsöl
- Salz, Pfeffer
- Curry, Kreuzkümmel, Kurkuma
- Frischer Koriander

Zubereitung

1 Die Quinoa mit der doppelten Menge Wasser und etwas Salz für 10 Minuten kochen, dann bei geschlossenem Deckel ziehen lassen.

2 Brokkoli, Paprika, Zwiebel, Tofu und Knoblauch würfeln. Das Öl in einer großen Pfanne erhitzen, die Zwiebel mit dem Knoblauch und dem Tofu scharf anbraten, nach 5 Minuten das restliche Gemüse dazugeben und für weitere 10 Minuten braten.

3 Die Quinoa ebenfalls in die Pfanne geben und mit den Gewürzen sowie mit frischem, gehacktem Koriander abschmecken.

Nudel-Auberginen-Auflauf

Für 4 Portionen

Zubereitungszeit: 45 Minuten
Backzeit: 20 Minuten

Eine Portion enthält:

556 kcal (2324 kJ)	24 g Fett
23 g Eiweiß	57 g Kohlenhydrate

Zutaten

- 240 g Vollkornnudeln
- 250 g Cocktailtomaten
- 80 g schwarze Oliven
- 1 Aubergine
- 1 Zwiebel
- 1 Knoblauchzehe
- 2 EL Rapsöl
- 2 EL Tomatenmark
- 100 ml Rotwein
- 100 ml Gemüsebrühe
- 2 Dosen (je 400 g) stückige Tomaten
- Salz, Pfeffer
- Frische Kräuter: Oregano, Rosmarin, Basilikum
- 2 Stück (je 125 g) Mozzarella

Zubereitung

1 Den Backofen auf 180 °C (Umluft) vorheizen, die Nudeln in gesalzenem Wasser nach Packungsanleitung zubereiten.

2 Cocktailtomaten und Oliven halbieren und zur Seite legen.

3 Aubergine, Zwiebel und Knoblauch würfeln. Das Öl in einer ofenfesten Pfanne erhitzen und darin Zwiebel, Knoblauch und Aubergine für 5 Minuten anbraten.

4 Das Tomatenmark dazugeben und kurz mit anschwitzen, anschließend mit dem Rotwein ablöschen.

5 Die Gemüsebrühe, die stückigen Tomaten sowie die halbierten Oliven dazugeben und alles vermengen.

6 Die Nudeln abgießen und mit den halbierten Cocktailtomaten zu der Soße geben.

7 Die Kräuter hacken und zusammen mit den Gewürzen unterrühren, anschließend den Mozzarella in feine Scheiben schneiden, auf der Nudelpfanne verteilen und alles für 20 Minuten in den Backofen stellen.

Kichererbsennudeln mit Kohlgemüse

Für 4 Portionen

Zubereitungszeit: 30 Minuten

Eine Portion enthält:

556 kcal (2402 kJ)	26 g Fett
22 g Eiweiß	57 g Kohlenhydrate

Zutaten

- 320 g Kichererbsennudeln
- 400 g Wirsing
- 400 g Weißkohl
- 1 Zwiebel
- 2 EL Rapsöl
- 120 g Frischkäse (Natur)
- 300 ml Gemüsebrühe
- Salz, Pfeffer
- Muskat
- 40 g Walnüsse

Zubereitung

1 Nudeln nach Packungsanleitung mit viel Wasser und einer Prise Salz kochen.

2 Wirsing- und Weißkohlblätter in 2 cm breite Würfel schneiden, Zwiebel fein würfeln. Das Öl in einer Pfanne erhitzen und darin die Zwiebelwürfel mit den Kohlblättern für 5 Minuten anbraten.

3 Mit dem Frischkäse und der Gemüsebrühe ablöschen und bei geschlossenem Deckel und mittlerer Hitze weitere 10 Minuten köcheln lassen.

4 Die Soße mit den Gewürzen abschmecken, die Walnüsse hacken und unterheben. Zum Schluss die Nudeln mit in die Pfanne geben und alles gut verrühren.

TIPP

Nudeln aus Hülsenfrüchten sind eine gute Alternative zu herkömmlichen Nudeln. Sie weisen etwa den gleichen Kaloriengehalt auf, unterscheiden sich allerdings deutlich im Eiweißgehalt.

Pastinakencremesuppe mit gerösteten Walnüssen

Für 4 Portionen

Zubereitungszeit: 30 Minuten

Eine Portion enthält:

603 kcal (1230 kJ)	37 g Fett
25 g Eiweiß	42 g Kohlenhydrate

Zutaten

- 800 g Pastinake
- 1 Zwiebel
- 1 l Gemüsebrühe
- 100 g Parmesan
- Salz, Pfeffer
- Muskat
- 200 g Crème fraîche
- 2 EL gehackte Walnüsse
- 1 Scheibe (60 g) Eiweißbrot, z. B. von Seite 39

Zubereitung

1 Pastinake und Zwiebel würfeln und 20 Minuten in einem Topf mit der Gemüsebrühe köcheln lassen.

2 Den Parmesankäse reiben und zusammen mit den Gewürzen und der Crème fraîche dazugeben. Alles mit einem Pürierstab vermengen.

3 Die Walnüsse hacken und auf die angerichtete Suppe streuen.

4 Für noch mehr Proteine mit einer Scheibe Eiweißbrot genießen.

Nudelsalat à la Antipasti

Für 4 Portionen

Zubereitungszeit: 40 Minuten

Eine Portion enthält:

695 kcal (2908 kJ) | 29 g Fett
27 g Eiweiß | 80 g Kohlenhydrate

Zutaten

- 400 g Vollkornnudeln
- 2 rote Paprika
- 1 Zwiebel
- 1 Zucchini
- 4 EL Olivenöl
- Salz, Pfeffer
- 1 Bund Basilikum
- 1 Bund Petersilie
- 40 g Pinienkerne
- 100 g Parmesan
- 200 g weiße Bohnen aus der Dose

Zubereitung

1 Die Nudeln nach Packungsanleitung in gesalzenem Wasser kochen.

2 Paprika und Zwiebel würfeln, Zucchini der Länge nach halbieren und in Scheiben schneiden. Das Öl in einer Pfanne erhitzen und darin das Gemüse 10 Minuten scharf anbraten.

3 Zusammen mit den Nudeln, Salz und Pfeffer sowie den gehackten Kräutern in eine Schüssel geben.

4 In einer Pfanne ohne Fett die Pinienkerne anrösten und anschließend zum Nudelsalat geben. Den Parmesan reiben und darüberstreuen.

5 Zum Schluss die Bohnen abgießen, in einem Sieb abspülen und untermengen.

Gebratener Blumenkohl mit Tofu und Erdnüssen

Für 4 Portionen

Zubereitungszeit: 30 Minuten

Eine Portion enthält:

382 kcal (1598 kJ)	26 g Fett
20 g Eiweiß	22 g Kohlenhydrate

Zutaten

- 1 kg Blumenkohl
- 1 Zwiebel
- 200 g Räuchertofu
- 2 rote Paprika
- 4 EL Kokosöl
- 40 g Erdnüsse
- Salz, Pfeffer
- Curry, Kreuzkümmel, Kurkuma
- Frischer Koriander
- 2 Eier

Zubereitung

1 Den Blumenkohl in einer Küchenmaschine fein raspeln. Die Zwiebel fein würfeln, Räuchertofu und Paprika grob würfeln.

2 Das Kokosöl in einer beschichteten Pfanne erhitzen, darin Zwiebel, Tofu und Paprika für 5 Minuten anbraten. Anschließend den Blumenkohl dazugeben und weitere 3 Minuten braten.

3 Die Erdnüsse hacken und mit den Kräutern und Gewürzen in die Pfanne geben. Die Eier in einer Schale schaumig schlagen und über das Gemüse geben. Kurz unterrühren und warten, bis die Eier gestockt sind. Nochmals abschmecken und anrichten.

Crêpes mit Gemüsefüllung

Für 4 Portionen

Zubereitungszeit: 30 Minuten

Eine Portion (2 Crêpes) enthält:

501 kcal (2096 kJ)	28 g Fett
21 g Eiweiß	42 g Kohlenhydrate

Zutaten

- 2 Eier
- 150 g Dinkelmehl, Type 630
- 250 ml Milch, 1,5 % Fett
- 400 g Rotkohl
- 1 gelbe Paprika
- 1 Zwiebel
- 1 Möhre
- 4 EL Rapsöl
- Salz, Pfeffer
- Frische Kräuter: Petersilie, Schnittlauch
- 160 g Gouda, 45 % Fett

Zubereitung

1 Eier, Mehl und Milch mit einem Handrührgerät zu einem glatten Teig verrühren. Eine beschichtete Pfanne erhitzen und in etwas Öl aus dem Teig 8 Crêpes ausbraten.

2 Das Gemüse klein schneiden und in einer weiteren Pfanne mit 2 EL Öl 15 Minuten anschwitzen. Mit Salz, Pfeffer und frischen Kräutern würzen.

3 Die fertigen Crêpes mit dem Gemüse befüllen, den geriebenen Käse darüberstreuen und die Crêpes zusammengefaltet servieren.

Belugasalat mit Brokkoli

Für 4 Portionen

Zubereitungszeit: 40 Minuten

Eine Portion enthält:

444 kcal (1858 kJ)	24 g Fett
21 g Eiweiß	40 g Kohlenhydrate

Zutaten

- 160 g Belugalinsen
- 2 Möhren
- 1 Apfel
- 500 g Brokkoli
- 120 g Feta

Für das Dressing:

- 1 Bio-Zitrone
- Salz, Pfeffer
- 2 EL Essig
- 4 EL Rapsöl
- 1 TL Vollrohrzucker, Honig oder Erythrit

Zubereitung

1 Die Linsen nach Packungsanleitung in gesalzenem Wasser kochen.

2 Möhren und Apfel fein raspeln, den Brokkoli sehr fein schneiden und alles mit den abgegossenen Linsen in eine Schüssel geben.

3 Den Saft sowie etwas Abrieb der Zitrone unterrühren, mit Salz, Pfeffer, Essig, Öl und etwas Zucker abschmecken und den Feta darüberstreuen.

Gebackene Kürbisspalten an Curry-Zimt-Marinade

Für 4 Portionen

Zubereitungszeit: 30 Minuten
Backzeit: 20 Minuten

Eine Portion enthält:

486 kcal (506 kJ)	24 g Fett
21 g Eiweiß	48 g Kohlenhydrate

Zutaten

1 mittelgroßer Hokkaidokürbis
1 Dose (400 g) Kichererbsen

Für die Marinade:

4 EL Rapsöl
1 EL Honig
Salz, Pfeffer
Curry, Zimt

Für den Dip:

200 g Magerquark
1 Msp. Senf
100 g Crème fraîche
2 EL Gartenkräuter (TK)
100 ml Mineralwasser

TIPP

Achten Sie beim Kauf von Zimt auf einen hochwertigen Ceylon-Zimt; er enthält weniger Cumarin als der günstige Cassia-Zimt, der häufig aus China oder Indonesien stammt. Finden Sie keine nähere Angabe auf der Verpackung, dann können Sie davon ausgehen, dass Sie es mit Cassia-Zimt zu tun haben.

Zubereitung

1 Den Backofen auf 180 °C (Umluft) vorheizen.

2 Rapsöl, Honig, Salz, Pfeffer, Curry und Zimt zu einer Marinade verrühren.

3 Den Kürbis halbieren und die Kerne entfernen. Anschließend in Spalten schneiden.

4 Die Kürbisspalten mit der Hälfte der Marinade einpinseln und für 15 Minuten in den Backofen stellen.

5 Die Kichererbsen abgießen und mit der restlichen Marinade vermengen, anschließend für 5 Minuten mit in den Backofen geben.

6 In dieser Zeit Magerquark, Senf, Crème fraîche und Kräuter mit einem Handrührgerät und dem Mineralwasser cremig schlagen.

7 Die Kürbisspalten mit den Kichererbsen und dem Quark-Dip servieren.

Reisnudelsalat mit Erdnüssen und Mango

Für 4 Portionen

Zubereitungszeit: 20 Minuten

Eine Portion enthält:

621 kcal (2598 kJ)	27 g Fett
20 g Eiweiß	75 g Kohlenhydrate

Zutaten

- 240 g Reisnudeln
- 2 Möhren
- 1 Zwiebel
- 500 g Brokkoli
- 200 g Tofu Mandel-Nuss
- 4 EL Rapsöl
- 1 Mango
- 50 g Erdnüsse
- 2 EL Essig
- 2 EL Sojasoße
- 1 Bio-Limette
- Salz, Pfeffer
- 1 TL Vollrohrzucker
- Frischer Koriander

Zubereitung

1 Die Reisnudeln nach Packungsanleitung kochen.

2 Die Möhren raspeln, Zwiebel und Brokkoli sehr fein schneiden und den Tofu würfeln. Das Öl in einer Pfanne erhitzen und darin Gemüse und Tofu 10 Minuten lang braten. Anschließend mit den Reisnudeln vermengen.

3 Die Mango in kleine Stücke schneiden, die Erdnüsse hacken und beides untermengen.

4 Den Salat mit Essig, Sojasoße, 2 EL Limettensaft und etwas Abrieb der Limettenschale sowie mit Salz, Pfeffer, Zucker und gehacktem Koriander abschmecken.

TIPP

Ein praktischer Salat, der sich auch gut zum Mitnehmen auf die Arbeit am nächsten Tag eignet.

HIGH-PROTEIN-REZEPTE MIT FLEISCH

Zucchini-Hackfleisch-Lasagne

Für 4 Portionen

Zubereitungszeit: 20 Minuten
Backzeit: 20 Minuten

Eine Portion enthält:

454 kcal (1900 kJ)	29 g Fett
37 g Eiweiß	14 g Kohlenhydrate

Zutaten

- 1,2 kg Zucchini
- 1 Zwiebel
- 1 Knoblauchzehe
- 2 EL Raps- oder Olivenöl
- 500 g Tatar
- 2 EL Tomatenmark
- 1 Dose (500 ml) passierte Tomaten
- 200 g Schmand
- Frische Kräuter: Petersilie, Schnittlauch, Majoran, Oregano
- Salz, Pfeffer
- 1 TL Vollrohrzucker oder Erythrit
- 20 g geriebener Käse, 45 % Fett

Zubereitung

1 Den Backofen auf 180 °C (Umluft) vorheizen.

2 Die Zucchini der Länge nach in 2 mm dicke Scheiben hobeln.

3 Zwiebel und Knoblauch fein würfeln und in dem Öl kurz anschwitzen, dann das Fleisch hinzugeben.

4 Nach 5 Minuten das Tomatenmark dazugeben und kurz mit anschwitzen, dann mit den passierten Tomaten und dem Schmand ablöschen, mit Kräutern, Gewürzen und Zucker abschmecken und weitere 5 Minuten köcheln lassen.

5 In einer großen Auflaufform abwechselnd die Hackfleischsoße und die Zucchini schichten, mit einer Schicht Soße abschließen und den geriebenen Käse darüberstreuen. Das Ganze für 20 Minten in den Backofen stellen.

Nudel-Spinat-Auflauf mit Schinken

Für 4 Portionen

Zubereitungszeit: 15 Minuten
Backzeit: 20 Minuten

Eine Portion enthält:

529 kcal (2213 kJ)	28 g Fett
21 g Eiweiß	44 g Kohlenhydrate

Zutaten

- 240 g Vollkornnudeln
- 1 Zwiebel
- 1 Knoblauchzehe
- 2 EL Rapsöl
- 400 g Spinat (TK)
- 200 ml Milch, 1,5 % Fett
- 200 g Schmand
- Salz, Pfeffer
- Muskat
- 100 g Schinkenwürfel
- 80 g geriebener Käse, 45 % Fett
- Frischer Schnittlauch

Zubereitung

1 Den Backofen auf 180 °C (Umluft) vorheizen. Die Nudeln in einem Topf mit Wasser und etwas Salz nach Packungsanleitung kochen und anschließend abgießen.

2 Zwiebel und Knoblauch fein würfeln und in einem Topf mit Öl anschwitzen. Spinat, Milch und Schmand dazugeben und bei mittlerer Hitze köcheln lassen, bis der Spinat aufgetaut ist.

3 Mit den Gewürzen abschmecken und zusammen mit den Nudeln in eine Auflaufform geben.

4 Den Schinken unterheben, den Auflauf mit dem geriebenen Käse und dem gehackten Schnittlauch bestreuen und für 20 Minuten in den Backofen stellen, bis der Käse leicht gebräunt ist.

Hähnchen-Gemüse-Pfanne

Für 4 Portionen

Zubereitungszeit: 45 Minuten

Eine Portion enthält:

614 kcal (2569 kJ)	41 g Fett
42 g Eiweiß	22 g Kohlenhydrate

Zutaten

- 500 g Hähnchenbrust
- 500 g Brokkoli
- 500 g Blumenkohl
- 1 Zwiebel
- 1 Knoblauchzehe
- 2 EL Rapsöl
- 400 ml Kokosmilch
- 200 ml Gemüsebrühe
- 2 EL Tahini (Sesampaste)
- Frischer Koriander
- Salz, Pfeffer
- Kreuzkümmel, Kurkuma
- 2 TL Sesam

Zubereitung

1 Das Hähnchen in Streifen schneiden, den Brokkoli und den Blumenkohl in Röschen schneiden, Zwiebel und Knoblauch fein würfeln.

2 Das Öl in einem Topf erhitzen, darin zunächst Zwiebel, Knoblauch und Hähnchen anbraten, dann Brokkoli und Blumenkohl dazugeben und für 2 Minuten mitbraten.

3 Mit der Kokosmilch und der Gemüsebrühe ablöschen, das Tahini dazugeben und bei geschlossenem Deckel 15 Minuten köcheln lassen.

4 Mit Koriander und Gewürzen abschmecken und mit Sesam bestreut servieren.

Schweinefilet mit Ofengemüse und Feta

Für 4 Portionen

Zubereitungszeit: 25 Minuten
Backzeit: 20 Minuten

Eine Portion enthält:

503 kcal (2105 kJ)	28 g Fett
38 g Eiweiß	22 g Kohlenhydrate

Zutaten

- 500 g Schweinefilet
- Salz, Pfeffer
- 1 TL Honig
- 1 Msp. Senf
- 600 g Fenchel
- 600 g Snackpaprika
- 4 EL Öl
- Getrocknete Kräuter: Oregano, Rosmarin, Thymian
- 200 g Feta

Zubereitung

1 Den Backofen auf 180 °C (Umluft) vorheizen.

2 Das Schweinefilet unter fließendem Wasser abwaschen, mit einem Küchentuch abtupfen und in 3 cm dicke Scheiben schneiden. Mit Salz, Pfeffer, Honig und Senf marinieren.

3 Den Fenchel halbieren, den Strunk entfernen und in 1 cm dicke Scheiben schneiden. Gemeinsam mit den Snackpaprika in eine Auflaufform geben und mit 2 EL Öl sowie den Kräutern vermengen.

4 Den Feta würfeln und darüberstreuen. Anschließend die Form für 20 Minuten in den Backofen stellen.

5 Eine Pfanne mit dem restlichen Öl erhitzen, darin das Schweinefilet scharf von beiden Seiten anbraten. Den Deckel schließen, den Herd ausstellen und die Filets kurz ziehen lassen. Anschließend mit dem Ofengemüse anrichten und servieren.

Rindfleisch-Weißkohl-Pfanne

Für 4 Portionen

Zubereitungszeit: 25 Minuten

Eine Portion enthält:

557 kcal (2330 kJ)	46 g Fett
27 g Eiweiß	13 g Kohlenhydrate

Zutaten

- 1 Zwiebel
- 1 kleiner Weißkohl
- 2 EL Rapsöl
- 500 g Rinderhackfleisch
- 2 Becher Crème fraîche
- Salz, Pfeffer
- Muskat
- 1 EL gehackte Petersilie
- 1 TL Senfsaat

Zubereitung

1 Zwiebel in feine Würfel schneiden. Den Weißkohl halbieren, den Strunk entfernen und die Blätter in Streifen schneiden.

2 Das Öl in einer großen Pfanne erhitzen und darin die Zwiebel und das Hackfleisch anbraten. Den Weißkohl dazugeben und weitere 5 Minuten braten.

3 Anschließend die restlichen Zutaten unterrühren und das Ganze bei geschlossenem Deckel und mittlerer Hitze 15 Minuten köcheln lassen.

TIPP

Rinderhackfleisch enthält in der Regel 20 Prozent Fett. Wer es noch fettärmer und eiweißreicher möchte, kann auf ein Tatar mit 7 Prozent Fett zurückgreifen. Beim Metzger lediglich einmal durch den Fleischwolf drehen lassen, dann eignet es sich auch zum Braten.

Mediterrane Puten-Mozzarella-Röllchen

Für 4 Portionen

Zubereitungszeit: 30 Minuten

Eine Portion enthält:

368 kcal (1540 kJ)	15 g Fett
38 g Eiweiß	17 g Kohlenhydrate

Zutaten

- 4 Putenschnitzel à 125 g
- Salz, Pfeffer
- 120 g Mozzarella
- 16 Basilikumblätter
- 2 EL Rapsöl
- 1 Zwiebel
- 1 Zucchini
- 1 rote Paprika
- 1 Aubergine
- 100 ml Weißwein
- 200 ml Hühnerbrühe
- 1 EL gehackter Rosmarin
- 1 TL Speisestärke

Außerdem:

- Zahnstocher

Zubereitung

1 Die Schnitzel in Klarsichtfolie wickeln und mit einem Nudelholz flach drücken. Anschließend salzen, pfeffern und der Länge nach halbieren.

2 Mozzarella in Scheiben schneiden, die Schnitzelhälften mit Mozzarella und je zwei Basilikumblättern belegen, die Enden einrollen und mit einem Zahnstocher fixieren.

3 Das Öl in einer unbeschichteten Pfanne erhitzen und darin die Röllchen für 2 Minuten scharf von beiden Seiten anbraten, aus der Pfanne nehmen und in einer abgedeckten Schüssel warm halten.

4 Zwiebel, Zucchini, Paprika und Aubergine würfeln, in derselben Pfanne 5 Minuten scharf anbraten und dann mit dem Wein und der Brühe ablöschen. Weitere 5 Minuten köcheln lassen und mit Salz, Pfeffer und gehacktem Rosmarin abschmecken.

5 Einen kleinen Becher mit 50 ml kaltem Wasser befüllen, darin die Stärke anrühren und unter ständigem Rühren zu der Soße geben. Abschließend die Putenröllchen auf das Gemüse legen, den Deckel schließen und 3 Minuten ziehen lassen.

Pastinaken-Pilz-Suppe mit Roastbeef

Für 4 Portionen

Zubereitungszeit: 30 Minuten

Eine Portion enthält:

551 kcal (1540 kJ)	35 g Fett
28 g Eiweiß	33 g Kohlenhydrate

Zutaten

- 200 g Champignons
- 600 g Pastinake
- 1 Zwiebel
- 2 Knoblauchzehen
- 4 EL Rapsöl
- 800 ml Gemüsebrühe
- Salz, Pfeffer
- 200 g Crème fraîche
- Frische Petersilie
- 400 g Roastbeefstreifen

Zubereitung

1 Champignons, Pastinake, Zwiebel und Knoblauch grob würfeln. In einem Topf die Hälfte des Öls erhitzen, darin das Gemüse kurz anschwitzen und dann mit der Gemüsebrühe ablöschen. Mit Salz und Pfeffer würzen und die Suppe bei geschlossenem Deckel etwa 15 Minuten köcheln lassen.

2 Die Crème fraîche dazugeben und die Suppe pürieren. Mit frischer, gehackter Petersilie abschmecken.

3 Das restliche Öl in einer Pfanne erhitzen, darin die Roastbeefstreifen kurz anbraten und mit Salz und Pfeffer würzen. Die Suppe anrichten und die Fleischstreifen daraufgeben.

Rinderfilet mit Erbsenpüree

Für 4 Portionen

Zubereitungszeit: 20 Minuten

Eine Portion enthält:

388 kcal (1623 kJ)	20 g Fett
33 g Eiweiß	20 g Kohlenhydrate

Zutaten

- 1 Knoblauchzehe
- 1 Zwiebel
- 1 Bio-Zitrone
- 4 EL Rapsöl
- 500 g Erbsen (TK)
- 2 EL Crème fraîche
- Salz, Pfeffer
- 500 g Rinderfilet

Zubereitung

1 Knoblauch und Zwiebel fein würfeln, die Zitrone waschen und etwas von der Schale abreiben. Anschließend halbieren und Saft auspressen.

2 1 EL Öl in einer Pfanne erhitzen, Knoblauch und Zwiebel darin anschwitzen, die Erbsen dazugeben und mit 50 ml Wasser sowie 1 EL Zitronensaft ablöschen. Das Ganze 3 Minuten lang köcheln lassen, dann die Crème fraîche unterrühren.

3 Alles in eine hohe Schüssel geben, mit Salz, Pfeffer und Zitronenabrieb würzen, mit einem Pürierstab mixen und anschließend warm halten.

4 Rinderfilet abwaschen, mit einem Küchentuch abtupfen und in 3 cm dicke Scheiben schneiden. Das restliche Öl in einer Pfanne erhitzen, darin die Filets von beiden Seiten für jeweils 2 Minuten scharf anbraten.

5 Mit Salz und Pfeffer würzen, aus der Pfanne nehmen, in Alufolie wickeln und für 5 Minuten ruhen lassen. Anschließend das Erbsenpüree mit den Rinderfilets anrichten und servieren.

Exotische Hähnchen-Kartoffel-Suppe

Für 4 Portionen

Zubereitungszeit: 30 Minuten

Eine Portion enthält:

636 kcal (2661 kJ)	32 g Fett
33 g Eiweiß	57 g Kohlenhydrate

Zutaten

- 2 Möhren
- ½ Stange Lauch
- 1 Zwiebel
- 4 festkochende Kartoffeln
- 2 EL Rapsöl
- 1 l Hühnerbrühe
- Salz, Pfeffer
- Kreuzkümmel
- 4 Hähnchenschenkel à 600 g
- 1 Dose (255 g) Mais
- Frischer Koriander

Zubereitung

1 Möhren und Lauch der Länge nach halbieren und in Scheiben schneiden, Zwiebel fein würfeln und Kartoffeln in 1 cm große Würfel schneiden.

2 Das Öl in einem großen Topf erhitzen und darin die Zwiebel mit dem Lauch für 2 Minuten anbraten, anschließend die Möhren und die Kartoffeln dazugeben, kurz mit anbraten und dann mit der Brühe aufgießen. Mit Salz, Pfeffer und Kreuzkümmel würzen.

3 Die Hähnchenschenkel abspülen, mit einem Küchentuch trocken tupfen und in die Suppe legen. Deckel schließen und für 10 Minuten bei mittlerer Hitze köcheln lassen.

4 Den Mais abgießen und den Koriander hacken. Beides in die Suppe geben und für 2 Minuten mitköcheln, dann die Suppe abschmecken und servieren.

Mediterraner Schweinefilet-Gemüse-Auflauf

Für 4 Portionen

Zubereitungszeit: 20 Minuten
Backzeit: 20 Minuten

Eine Portion enthält:

473 kcal (1979 kJ)	29 g Fett
40 g Eiweiß	14 g Kohlenhydrate

Zutaten

- 1 Zwiebel
- 500 g Schweinefilet
- 2 EL Rapsöl
- 2 mittelgroße Zucchini
- 4 Tomaten
- 1 Bund Basilikum
- 1 Zweig Rosmarin
- Salz, Pfeffer
- 100 ml Gemüsebrühe
- 1 EL Tomatenmark
- 200 g Schmand
- 120 g Mozzarella

Zubereitung

1 Den Backofen auf 180 °C (Umluft) vorheizen. Die Zwiebel fein würfeln, das Schweinefilet säubern, mit einem Küchentuch abtupfen und in 3 cm dicke Scheiben schneiden.

2 Das Öl in einer Pfanne erhitzen und darin das Fleisch mit den Zwiebelwürfeln von beiden Seiten für jeweils 1 Minute scharf anbraten, dann in eine Auflaufform legen.

3 Zucchini und Tomaten in Scheiben schneiden, in derselben Pfanne kurz anbraten, mit Salz und Pfeffer würzen und zu dem Schweinefilet geben.

4 Rosmarin und Basilikum hacken und in einer Schüssel mit den Gewürzen, der Gemüsebrühe sowie dem Tomatenmark und dem Schmand vermengen und als Soße über das Gemüse in der Auflaufform geben.

5 Den Mozzarella in Scheiben schneiden und auf dem Auflauf verteilen. Alles für 20 Minuten in den Backofen stellen.

Schweinefilet mit Pilz-Maronen-Rahmsoße

Für 4 Portionen

Zubereitungszeit: 30 Minuten

Eine Portion enthält:

760 kcal (2770 kJ)	28 g Fett
44 g Eiweiß	73 g Kohlenhydrate

Zutaten

- 320 g Vollkornnudeln
- 500 g Schweinefilet
- 1 Zwiebel
- 1 Knoblauchzehe
- 200 g Maronen
- 250 g braune Champignons
- 2 EL Rapsöl
- 100 ml Rotwein
- 1 Becher Crème fraîche
- 100 ml Gemüsebrühe
- 1 EL Sojasoße
- Salz, Pfeffer
- Frischer Rosmarin

Zubereitung

1 Die Nudeln nach Packungsanleitung kochen. Das Schweinefilet waschen, mit einem Küchentuch abtupfen und in 3 cm dicke Scheiben schneiden.

2 Die Zwiebel und den Knoblauch fein würfeln, die Maronen und die Champignons vierteln.

3 Das Öl in einer unbeschichteten Pfanne erhitzen und darin die Schweinefilets von beiden Seiten für jeweils 1 Minute scharf anbraten. Anschließend aus der Pfanne nehmen und in einer abgedeckten Schüssel ruhen lassen.

4 Knoblauch- und Zwiebelwürfel in derselben Pfanne kurz anschwitzen, dann die Maronen und die Pilze dazugeben und weitere 5 Minuten braten.

5 Mit dem Wein ablöschen, Crème fraîche und Gemüsebrühe dazugeben und weitere 5 Minuten köcheln lassen. Anschließend mit Sojasoße, Gewürzen und frischem, gehacktem Rosmarin abschmecken.

6 Die Soße auf die gewünschte Konsistenz einköcheln lassen, zum Schluss das Schweinefilet dazugeben und etwa 2 Minuten ziehen lassen. Die Nudeln mit der Soße und dem Schweinefilet anrichten.

Kürbis-Kokos-Pfanne mit Tatar

Für 4 Portionen

Zubereitungszeit: 30 Minuten

Eine Portion enthält:

517 kcal (2163 kJ)	32 g Fett
31 g Eiweiß	34 g Kohlenhydrate

Zutaten

- 1 kleiner Hokkaidokürbis (etwa 1 kg)
- 1 Zwiebel
- 2 EL Rapsöl
- 500 g Tatar
- 1 EL rote Currypaste
- 1 Dose (400 ml) Kokosmilch
- Salz, Pfeffer
- Curry, Kreuzkümmel

Zubereitung

1 Den Kürbis halbieren, entkernen und in 1 cm große Würfel schneiden. Die Zwiebel in feine Würfel schneiden.

2 Das Öl in einer beschichteten Pfanne erhitzen, darin das Tatar mit den Zwiebelwürfeln für 5 Minuten anbraten, die Currypaste dazugeben und kurz mitbraten.

3 Anschließend die Kokosmilch, den Kürbis und die Gewürze dazugeben und bei geschlossenem Deckel und mittlerer Hitze 15 Minuten köcheln lassen.

TIPP

Tatar ist ein sehr mageres Fleisch vom Rind, das durch den Fleischwolf gegeben und in der Regel roh gegessen wird. Mit nur 7 Prozent Fett ist es deutlich magerer als normales Rinderhackfleisch. Bestellen Sie Ihr Tatar beim Metzger mit dem Hinweis „zum Braten“. Dann wird es entsprechend nur einmal durch den Fleischwolf gegeben und eignet sich dadurch besser zum Braten.

Rumpsteak an Honig-Senf-Dressing

Für 4 Portionen

Zubereitungszeit: 20 Minuten

Eine Portion enthält:

424 kcal (1774 kJ)	27 g Fett
36 g Eiweiß	9 g Kohlenhydrate

Zutaten

1 EL Rapsöl

4 Rumpsteaks à 150 g

Salz, Pfeffer

Für den Salat:

240 g Feldsalat

1 Zwiebel

2 EL Walnüsse

Für das Dressing:

1 Msp. Senf

3 EL Aceto Balsamico

3 EL Rapsöl

1 EL Honig

Salz, Pfeffer

Zubereitung

1 1 EL Öl in einer Pfanne erhitzen und darin die Steaks von beiden Seiten für jeweils 2 Minuten scharf anbraten. Mit Salz und Pfeffer würzen, für weitere 5 Minuten von beiden Seiten anbraten. Anschließend in Alufolie wickeln und ruhen lassen.

2 Feldsalat säubern, Zwiebel sehr fein würfeln und beides in eine Schüssel geben. Die Walnüsse hacken und dazugeben.

3 Aus Senf, Essig, Öl, Honig und Gewürzen ein Dressing mischen, mit dem Salat vermengen und anschließend zusammen mit den Rumpsteaks servieren.

TIPP

Achten Sie beim Essig auf einen hochwertigen Aceto Balsamico di Modena. Er sollte keinen gefärbten Zucker oder sonstige unerwünschte Zusätze enthalten.

Rehrücken mit Pastinakenpüree

Für 4 Portionen

Zubereitungszeit: 15 Minuten
Backzeit: 8 Minuten

Eine Portion enthält:

527 kcal (2005 kJ)	23 g Fett
35 g Eiweiß	46 g Kohlenhydrate

Zutaten

600 g Rehrücken
Piment-Pfeffer
Salz, Pfeffer
1 TL Honig
1 kg Pastinake
2 l Gemüsebrühe
100 g Crème fraîche
40 g Butter
Muskat

Zubereitung

1 Den Backofen auf 200 °C (Ober-/Unterhitze) vorheizen. Den Rehrücken abspülen und mit einem Küchentuch trocken tupfen.

2 Den Piment-Pfeffer zerdrücken und zusammen mit Salz, Pfeffer und Honig auf das Rehfleisch pinseln.

3 Die Pastinake schälen und in grobe Würfel schneiden. Anschließend in einen Topf mit kochender Gemüsebrühe geben und 20 Minuten kochen lassen.

4 5 Minuten bevor die Pastinaken fertig sind das Reh für etwa 8 Minuten in den Backofen stellen, anschließend in Alufolie wickeln und ruhen lassen.

5 Die Pastinaken abgießen und Crème fraîche, Butter und etwas Salz sowie Muskat in den Topf geben. Alles mit einem Stampfer zerkleinern, bis ein Püree entsteht.

6 Das Reh in 2 cm dicke Scheiben schneiden und mit dem Püree servieren.

Maronen-Weißwein-Suppe mit Putenspieß

Für 4 Portionen

Zubereitungszeit: 15 Minuten

Eine Portion enthält:

534 kcal (2045 kJ)	24 g Fett
30 g Eiweiß	39 g Kohlenhydrate

Zutaten

- 1 Zwiebel
- 1 Knoblauchzehe
- 2 EL Rapsöl
- 400 g vakuumierte Maronen
- 150 ml trockener Weißwein
- 200 ml Sahne
- 300 ml Gemüsebrühe
- Salz, Pfeffer
- Muskat
- 400 g Putengeschnetzeltes
- 1 Bio-Zitrone

Außerdem:

- Holzspieße

Zubereitung

1 Zwiebel und Knoblauch fein würfeln und anschließend in einem Topf mit 1 EL Öl glasig anschwitzen.

2 Maronen und Weißwein dazugeben und kurz köcheln lassen, anschließend mit Sahne und Gemüsebrühe ablöschen, mit Salz, Pfeffer und Muskat würzen und bei geschlossenem Deckel etwa 5 Minuten köcheln lassen. Anschließend mit einem Pürierstab mixen.

3 Putenstreifen auf lange Holzstäbe aufspießen, mit Salz, Pfeffer und etwas Abrieb von der Bio-Zitrone marinieren, das restliche Öl in einer beschichteten Pfanne erhitzen und darin das Fleisch für 5 Minuten von beiden Seiten scharf anbraten. Spieße zu der Suppe servieren.

HIGH-PROTEIN-REZEPTE MIT FISCH UND MEERESFRÜCHTEN

Sommerrollen mit gebratenen Shrimps

Für 4 Portionen

Zubereitungszeit: 10 Minuten

Eine Portion enthält:

357 kcal (1494 kJ)	24 g Fett
23 g Eiweiß	13 g Kohlenhydrate

Zutaten

- 2 EL Kokosöl
- 400 g Shrimps (Natur)
- Salz, Pfeffer
- 1 Bund frischer Koriander
- 1 Avocado
- 1 rote Paprika
- 12 Reisblätter
- 4 Blätter Eisbergsalat
- 2 EL Sesam
- 4 EL Sojasoße

Zubereitung

1 Das Kokosöl in einer Pfanne erhitzen und darin die Schrimps für 5 Minuten anbraten. Mit Salz, Pfeffer und dem gehackten Koriander würzen und anschließend beiseitestellen.

2 Avocado und Paprika in feine, dünne Streifen schneiden. Reisblätter einzeln in kaltes Wasser legen und herausnehmen, sobald sie weich sind.

3 Avocado, Salat, Paprika, etwas Sesam und Schrimps in die Mitte des Reisblattes legen, die Enden falten, sodass ein Halbkreis entsteht, anschließend die Seiten einschlagen und aufrollen. Dazu eignet sich Sojasoße zum Dippen.

Exotische Meeresfrüchte-suppe

Für 4 Portionen

Zubereitungszeit: 45 Minuten

Eine Portion enthält:

604 kcal (2527 kJ)	45 g Fett
31 g Eiweiß	18 g Kohlenhydrate

Zutaten

- 1 grüne Paprika
- 1 rote Paprika
- 1 Zwiebel
- 2 Knoblauchzehen
- 2 Möhren
- 2 EL Olivenöl
- Salz, Pfeffer
- 1 TL Paprikapulver
- 1 EL Tomatenmark
- 200 ml Sahne
- 300 ml Wasser
- 1 Dose (400 ml) Kokosmilch
- 400 g Garnelen und/oder Muscheln
- 200 g Zanderfilet
- 150 ml Weißwein
- Frische Kräuter: Koriander, Petersilie

Zubereitung

1 Paprika, Zwiebel und Knoblauch fein würfeln, Möhren raspeln.

2 Das Öl in einem Topf erhitzen und darin das Gemüse für 10 Minuten anbraten.

3 Mit Salz, Pfeffer und Paprika würzen, das Tomatenmark dazugeben und kurz mit anbraten, anschließend Sahne, Wasser und Kokosmilch untermengen und aufkochen.

4 Die Meeresfrüchte und den Fisch dazugeben und für ca. 2 Minuten kochen, bis die Muscheln sich öffnen.

5 Den Wein unterrühren und weitere 20 Minuten köcheln lassen. Abschließend die frischen, gehackten Kräuter hinzugeben und servieren.

Seelachs-Gemüse-Pfanne mit Asianote

Für 4 Portionen

Zubereitungszeit: 15 Minuten
Backzeit: 10 Minuten

Eine Portion enthält:

370 kcal (1548 kJ)	25 g Fett
27 g Eiweiß	15 g Kohlenhydrate

Zutaten

- 4 Seelachsfilets à 125 g
- Salz, Pfeffer
- 1 Bio-Limette
- 3 cm Ingwer
- 4 Möhren
- 1 Frühlingszwiebel
- 400 g Chinakohl
- 2 rote Paprika
- 4 EL Kokosöl
- 2 EL Sojasoße
- 1 Msp. Currypulver
- Frischer Koriander
- 80 g Erdnüsse

Außerdem:

- Bratschlauch

Zubereitung

1 Den Ofen auf 160 °C (Umluft) vorheizen.

2 Den Seelachs unter laufendem Wasser säubern, mit einem Küchentuch abtupfen und mit Salz, Pfeffer und etwas Limettensaft würzen.

3 Einen Bratschlauch in die passende Länge schneiden, die Filets mit Limettenstücken und Ingwerscheiben hineinlegen. Den Schlauch an den Enden zubinden und für 10 Minuten in den Backofen stellen.

4 Möhren, Frühlingszwiebel, Chinakohl und Paprika klein schneiden. Das Kokosöl in einer Pfanne erhitzen und darin zunächst Möhren und Paprika für 5 Minuten anbraten, dann die Frühlingszwiebeln und den Chinakohl für weitere 10 Minuten dazugeben.

5 Mit etwas Sojasoße ablöschen und mit Salz, Pfeffer, Curry sowie frischem, gehacktem Koriander abschmecken.

6 Zum Schluss die Erdnüsse hacken und unter das Gemüse heben. Den Fisch aus dem Backofen und dem Bratschlauch nehmen und mit dem Gemüse anrichten.

Nudeln mit Tomaten-Lachs-Cremesoße

Für 4 Portionen

Zubereitungszeit: 30 Minuten

Eine Portion enthält:

751 kcal (3142 kJ)	37 g Fett
34 g Eiweiß	69 g Kohlenhydrate

Zutaten

- 320 g Vollkornspaghetti
- 1 Zwiebel
- 1 Knoblauchzehe
- 200 g Stangensellerie
- 8 Tomaten
- 2 EL Rapsöl
- 2 EL Tomatenmark
- 150 ml Gemüsebrühe
- 200 g Crème fraîche
- Salz, Pfeffer
- 1 TL Vollrohrzucker
- Frische Kräuter: Basilikum, Thymian, Oregano
- 500 g Lachs

TIPP

Achten Sie beim Kauf von Fisch darauf, dass er nicht aus Aquakulturen stammt.

Zubereitung

1 Einen Topf mit heißem Wasser und etwas Salz zum Kochen bringen und darin die Spaghetti nach Packungsanleitung zubereiten.

2 Zwiebel, Knoblauch, Sellerie und Tomaten würfeln. Das Öl in einer Pfanne erhitzen und darin zunächst Zwiebel und Knoblauch glasig braten. Anschließend das Tomatenmark hinzugeben und kurz anschwitzen, dann Tomaten, Sellerie und Gemüsebrühe in die Pfanne geben und alles bei geschlossenem Deckel und mittlerer Hitze für 15 Minuten köcheln lassen.

3 Die Crème fraîche unterrühren, die Soße mit Salz, Pfeffer und Zucker abschmecken und die frischen, gehackten Kräuter dazugeben.

4 Die Fischfilets abspülen, mit einem Küchentuch abtupfen und in die Soße legen. Den Deckel schließen und die Filets bei mittlerer Hitze etwa 7 Minuten durchziehen lassen. Die Spaghetti mit der Soße und den Fischfilets anrichten und servieren.

Kokos-Fisch-Curry

Für 4 Portionen

Zubereitungszeit: 30 Minuten

Eine Portion enthält:

569 kcal (2381 kJ)	27 g Fett
26 g Eiweiß	57 g Kohlenhydrate

Zutaten

- 240 g Jasminreis
- 1 Zwiebel
- 1 Knoblauchzehe
- 400 g Spinat
- 2 Möhren
- 1 EL Kokosöl
- 2 EL rote Currypaste
- 1 Dose (400 ml) Kokosmilch
- 500 g Seelachs
- 2 EL Sojasoße
- Salz, Pfeffer

Zubereitung

1 Einen Topf mit heißem Wasser und etwas Salz zum Kochen bringen, darin den Reis nach Packungsanleitung zubereiten und anschließend warm halten.

2 Die Zwiebel und den Knoblauch fein würfeln, Spinat putzen und Möhren der Länge nach halbieren und in dünne Scheiben schneiden.

3 Das Kokosöl in einer Pfanne erhitzen und darin Zwiebel und Knoblauch mit der Currypaste anschwitzen. Anschließend die Möhren hinzugeben und für 10 Minuten mit anbraten. Zuletzt den Spinat untermengen und mit der Kokosmilch ablöschen.

4 Den Seelachs würfeln und in die Pfanne geben, anschließend bei geschlossenem Deckel 5 Minuten ziehen lassen.

5 Mit Sojasoße, Salz und Pfeffer abschmecken und zusammen mit dem Reis servieren.

Nudel-Thunfisch-Salat

Für 4 Portionen

Zubereitungszeit: 30 Minuten

Eine Portion enthält:

466 kcal (1950 kJ)	11 g Fett
36 g Eiweiß	55 g Kohlenhydrate

Zutaten

- 240 g Vollkornnudeln
- 1 Zwiebel
- 2 rote Paprika
- 1 Dose (255 g) Mais
- 100 g Crème fraîche
- 2 EL Apfelessig
- 400 g Thunfisch im eigenen Saft (Dose)
- Frische Kräuter: Schnittlauch, Petersilie
- Salz, Pfeffer

Zubereitung

1 Einen Topf mit heißem Wasser und etwas Salz zum Kochen bringen, darin die Nudeln nach Packungsanleitung zubereiten. Abgießen und unter kaltem Wasser abschrecken, bis die Nudeln vollständig kalt sind, dann in eine Schüssel geben.

2 Zwiebel und Paprika würfeln und ebenfalls in die Schüssel geben. Den Mais abgießen und mit Crème fraîche und Essig unterrühren.

3 Den Thunfisch abgießen und gemeinsam mit den gehackten Kräutern zum Nudelsalat geben, anschließend nach Bedarf mit Salz und Pfeffer abschmecken.

Ceviche

Für 4 Portionen

Zubereitungszeit: 30 Minuten
Ruhzeit: 2 Stunden

Eine Portion enthält:

190 kcal (795 kJ)	8 g Fett
25 g Eiweiß	9 g Kohlenhydrate

Zutaten

- 500 g Zanderfilet
- 4 Limetten
- 2 EL Olivenöl
- 1 Zwiebel
- 2 Staudensellerie
- Frischer Koriander
- 1 rote Chilischote
- Salz, Pfeffer

Zubereitung

1 Das Zanderfilet mit Wasser abspülen und anschließend mit einem Küchentuch trocken tupfen. In 1 cm große Würfel schneiden und in eine Schüssel geben.

2 Die Limetten auspressen, den Saft zusammen mit dem Öl zum Fisch geben und 2 Stunden ziehen lassen.

3 Anschließend Zwiebel und Sellerie in feine Streifen scheiden und zusammen mit dem fein gehackten Koriander zu dem Fisch geben.

4 Die Chilischote halbieren, entkernen, fein würfeln und ebenfalls untermengen. Mit Salz und Pfeffer abschmecken.

Quinoa mit Garnelen-Gemüse-Pfanne

Für 4 Portionen

Zubereitungszeit: 30 Minuten

Eine Portion enthält:

513 kcal (2146 kJ)	19 g Fett
31 g Eiweiß	52 g Kohlenhydrate

Zutaten

- 240 g Quinoa
- 4 Tomaten
- 1 Zwiebel
- 1 Knoblauchzehe
- 1 Aubergine
- 4 EL Rapsöl
- 2 EL Tomatenmark
- 150 ml Gemüsebrühe
- Salz, Pfeffer
- Frische Kräuter: Basilikum, Thymian, Oregano
- 500 g Garnelen

Zubereitung

1 Die Quinoa in einem Sieb unter laufendem, warmem Wasser abspülen und anschließend mit der doppelten Menge an Wasser sowie einer Prise Salz in einem Topf für 1 Minute aufkochen, danach bei geschlossenem Deckel 10 Minuten ziehen lassen.

2 Tomaten, Zwiebel, Knoblauch und Aubergine würfeln. Das Öl in einer beschichteten Pfanne erhitzen und darin zunächst Zwiebel und Knoblauch glasig anschwitzen.

3 Dann die Tomaten und die Auberginen sowie das Tomatenmark dazugeben und kurz mit anbraten. Anschließend mit Gemüsebrühe ablöschen und bei geschlossenem Deckel 10 Minuten köcheln lassen.

4 Mit Salz, Pfeffer sowie den frischen, gehackten Kräutern abschmecken. Die Garnelen für 5 Minuten dazugeben und durchziehen lassen.

5 Die Soße mit der Quinoa anrichten und servieren.

Wildlachs auf Teriyakisoße

Für 4 Portionen

Zubereitungszeit: 45 Minuten

Eine Portion enthält:

371 kcal (1552 kJ)	19 g Fett
32 g Eiweiß	20 g Kohlenhydrate

Zutaten

- 4 Wildlachsfilets à 125 g
- 4 EL Olivenöl
- 100 ml Sojasoße
- 2 EL brauner Zucker
- 2 Knoblauchzehen
- 1 cm Ingwer
- 1 TL Speisestärke
- 150 ml Wasser
- 2 Möhren
- 500 g Brokkoli
- Salz, Pfeffer
- 2 EL Sesam

Zubereitung

1 Die Fischfilets unter laufendem Wasser abspülen, mit einem Küchentuch trocken tupfen und mit Salz würzen.

2 In einer Pfanne 2 EL Olivenöl erhitzen und darin die Filets von beiden Seiten für je 5 Minuten anbraten. Anschließend in eine Schüssel mit Deckel legen und ruhen lassen.

3 Sojasoße, Zucker, den zerdrückten Knoblauch sowie den in Scheiben geschnittenen Ingwer in dieselbe Pfanne geben und zum Kochen bringen, bis der Zucker geschmolzen ist.

4 Die Stärke im Wasser auflösen und zu der Soße geben. Nochmals aufkochen und dann abkühlen lassen. Ingwer- und Knoblauchstücke aus der Soße entfernen.

5 Möhren und Brokkoli klein schneiden, das restliche Öl in einer beschichteten Pfanne erhitzen und das Gemüse sowie 50 ml Wasser dazugeben. Bei geschlossenem Deckel 15 Minuten köcheln lassen und mit Salz und Pfeffer würzen.

6 Das Gemüse mit dem Fisch und der Soße anrichten, den Sesam darüberstreuen und servieren.

Thailändische Garnelensuppe

Für 4 Portionen

Zubereitungszeit: 20 Minuten

Eine Portion enthält:

371 kcal (1552 kJ)	19 g Fett
32 g Eiweiß	20 g Kohlenhydrate

Zutaten

- 3 cm Ingwer
- 2 Knoblauchzehen
- 150 g Champignons
- 2 rote Paprika
- 2 EL Kokosöl
- 2 TL Currypaste
- 1 Dose (400 ml) Kokosmilch
- 200 ml Gemüsebrühe
- 3 Stängel Zitronengras
- 100 g Bambussprossen aus der Dose
- 1 TL Fischsoße
- Salz, Pfeffer
- Kreuzkümmel
- Frischer Koriander
- 400 g Garnelen

Zubereitung

1 Ingwer und Knoblauch schälen und in feine Scheiben schneiden. Champignons vierteln und Paprika in feine Würfel schneiden.

2 Das Kokosöl in einem Topf erhitzen und das Gemüse darin anbraten. Die Currypaste dazugeben und mit anbraten, anschließend mit Kokosmilch und Gemüsebrühe ablöschen.

3 Zitronengras mit einem Messer einschneiden, mit in die Suppe geben und alles bei geschlossenem Deckel und mittlerer Hitze 10 Minuten köcheln lassen.

4 Die Bambussprossen abgießen und zusammen mit der Fischsoße sowie den Gewürzen und dem frischen, gehackten Koriander dazugeben. Die Garnelen untermengen und 3 Minuten ziehen lassen.

HIGH-PROTEIN-SNACKS

Protein-Knäckebrot

Für 1 Blech/5 Portionen

Zubereitungszeit: 10 Minuten
Backzeit: 45 Minuten

Eine Portion enthält:

276 kcal (1155 kJ)	20 g Fett
10 g Eiweiß	13 g Kohlenhydrate

Zutaten

- 70 g Maismehl
- 50 g Sonnenblumenkerne
- 50 g Sesam
- 50 g Leinsamen
- Salz, Pfeffer
- Pizzagewürz

Zubereitung

1 Den Backofen auf 160 °C (Umluft) vorheizen.

2 Alle Zutaten in eine Schüssel geben, mit 150 ml kochendem Wasser übergießen und 5 Minuten quellen lassen. Anschließend kräftig kneten.

3 Den Teig zwischen zwei Blätter Backpapier geben und mit einem Nudelholz flach ausrollen. Oberes Papier entfernen und auf einem Backblech auf mittlerer Schiene 45 Minuten backen.

TIPP

Dieses leckere Knäckebrot eignet sich als Snack, passt aber auch zu Suppen oder Eintöpfen, um die Eiweißmenge der Mahlzeit zu erhöhen.

Gebackene Kichererbsen

Für 4 Portionen

Zubereitungszeit: 5 Minuten
Backzeit: 20 Minuten

Eine Portion enthält:

142 kcal (594 kJ)	8 g Fett
4 g Eiweiß	10 g Kohlenhydrate

Zutaten

- 1 Dose (255 g) Kichererbsen
- 2 EL Rapsöl
- Salz, Pfeffer
- ½ TL Currypulver
- ½ TL Kreuzkümmel
- ½ TL Paprika edelsüß

Zubereitung

1 Den Backofen auf 200 °C (Umluft mit Grillfunktion) vorheizen.

2 Die Kichererbsen mit dem Öl und den Gewürzen in einer Schüssel vermengen. Anschließend auf einem mit Backpapier ausgelegten Backblech ausbreiten, sodass sich die Kichererbsen nicht berühren.

3 Für 20 Minuten backen, bis sie knusprig sind.

Protein-Käse-Gemüsemuffins

Für 12 Stück

Zubereitungszeit: 25 Minuten
Backzeit: 15 Minuten

Eine Portion enthält:

93 kcal (389 kJ)	6 g Fett
7 g Eiweiß	1 g Kohlenhydrate

Zutaten

- 8 Eier
- 100 ml Milch, 1,5 % Fett
- 1 rote Paprika
- ½ Zucchini
- 100 g Gouda, 45 % Fett
- Salz, Pfeffer
- Frische Kräuter: Petersilie und Schnittlauch

Zubereitung

1 Den Backofen auf 180 °C (Ober-/Unterhitze) vorheizen.

2 Die Eier in einer Schüssel mit der Milch aufschlagen, Paprika und Zucchini fein würfeln und zu den Eiern geben.

3 Den geriebenen Käse hinzugeben, die Masse mit Salz und Pfeffer würzen und die gehackten Kräuter unterrühren.

4 Die Masse auf 12 Muffinförmchen verteilen und 15 Minuten backen.

Apfel-Zimt-Creme

Für 4 Portionen

Zubereitungszeit: 5 Minuten

Eine Portion enthält:

245 kcal (1025 kJ)	15 g Fett
10 g Eiweiß	8 g Kohlenhydrate

Zutaten

- 600 g griechischer Joghurt
- 320 g Apfelmark
- 1 TL Zimt

Zubereitung

Alle Zutaten in einer Schüssel vermengen.

TIPP

Achten Sie beim Kauf von griechischem Joghurt auf die Nährwerttabelle. Kaufen Sie eine Sorte mit hohem Eiweißgehalt (über 6 g pro 100 g). Geeignete Marken sind beispielsweise Fage oder Apostels.

Gebackene Maronen

Für 4 Portionen

Zubereitungszeit: 5 Minuten
Backzeit: 20 Minuten

Eine Portion enthält:

180 kcal (753 kJ)	2 g Fett
5 g Eiweiß	33 g Kohlenhydrate

Zutaten

400 g Maronen

Zubereitung

Den Backofen auf 180 °C (Ober-/Unterhitze) vorheizen. Die Maronen mit einem Messer kreuzförmig leicht einschneiden, das Innere dabei nicht verletzen. Auf einem mit Backpapier ausgelegten Backbleck für 20 Minuten in den Backofen stellen, bis die Maronen weich sind.

Heidelbeerquark mit Minze

Für 4 Portionen

Zubereitungszeit: 5 Minuten

Eine Portion enthält:

145 kcal (607 kJ)	1 g Fett
19 g Eiweiß	12 g Kohlenhydrate

Zutaten

- 600 g Magerquark
- 400 g Heidelbeeren (frisch oder TK)
- 50 ml Mineralwasser mit Kohlensäure
- 1 EL Erythrit, Vollrohrzucker oder Honig
- 10 Blätter Minze

Zubereitung

Magerquark mit Heidelbeeren und Mineralwasser mit einem Handrührgerät in einer Schüssel aufschlagen. Mit Erythrit süßen, die Minze hacken und unter den Quark heben.

Orangen-Zimt-Buttermilch

Für 4 Portionen

Zubereitungszeit: 5 Minuten

Eine Portion enthält:

119 kcal (498 kJ)	2 g Fett
9 g Eiweiß	16 g Kohlenhydrate

Zutaten

- 1 l Buttermilch
- 200 ml Orangensaft
- 1 Msp. Zimt
- 1 EL Erythrit, Vollrohrzucker oder Honig

Zubereitung

Alle Zutaten in einen Mixer geben und vermengen.

Powerfood-Mischung

Für 4 Portionen

Zubereitungszeit: 5 Minuten

Eine Portion enthält:

221 kcal (925 kJ)	18 g Fett
5 g Eiweiß	10 g Kohlenhydrate

Zutaten

- 60 g Cranberrys
- 40 g Walnüsse
- 40 g Mandeln

Zubereitung

Alle Zutaten in einem geeigneten Gefäß für unterwegs vermengen und portionsweise mitnehmen.

TIPP

Eine leckere Knabberei für den Filmeabend, aber auch als Snack für den Arbeitsalltag als Nervennahrung.

Veganer Proteinshake Zimt-Banane

Für 4 Portionen

Zubereitungszeit: 5 Minuten

Eine Portion enthält:

269 kcal (1125 kJ)	8 g Fett
16 g Eiweiß	19 g Kohlenhydrate

Zutaten

- 800 ml Mandelmilch
- 60 g Eiweißpulver (vegan, Natur)
- 40 g gemahlene Mandeln
- 1 EL Honig
- 2 Bananen
- 2 TL Zimt

Zubereitung

Alle Zutaten in einen Mixer geben und bei Bedarf Wasser hinzufügen, bis der Shake die gewünschte Konsistenz erreicht hat.

Gerösteter Kernemix mit Käse

Für 4 Portionen

Zubereitungszeit: 5 Minuten

Eine Portion enthält:

265 kcal (1109 kJ)	22 g Fett
12 g Eiweiß	3 g Kohlenhydrate

Zutaten

- 160 g Kernemischung, z. B. Sonnenblumen-, Kürbis-, Pinienkerne
- 40 g Gouda, 45 % Fett
- 1 TL Pizzagewürz

Zubereitung

1 Eine Pfanne ohne Fett erhitzen, darin die Kerne anrösten bis sie braun werden.

2 Gewürze dazugeben und Käse darüberreiben, kurz schmelzen lassen, umrühren und anschließend vom Herd nehmen und abkühlen lassen.

HIGH-PROTEIN-SÜSSSPEISEN UND -KUCHEN

Himbeer-Käsekuchen

Für 1 Springform, 16 cm Durchmesser

Zubereitungszeit: 10 Minuten
Backzeit: 45 Minuten

Ein Stück enthält:

152 kcal (1063 kJ)	9 g Fett
10 g Eiweiß	8 g Kohlenhydrate

Zutaten

- 500 g Magerquark
- 250 g Frischkäse (fettarm, Natur)
- 1 Pck. Vanillepuddingpulver
- 100 g Erythrit oder Vollrohrzucker
- Abrieb von 1 Bio-Zitrone
- 2 Eier
- 125 g frische Himbeeren

Zubereitung

1 Den Backofen auf 180 °C (Umluft) vorheizen.

2 Alle Zutaten bis auf die Eier und die Himbeeren in eine Schüssel geben und mit einem Handrührgerät vermengen.

3 Eier schaumig schlagen und mit den Himbeeren unter den Teig heben, eine kleine Springform mit Backpapier auslegen, den Teig hineingeben und für 45 Minuten in den Ofen stellen.

4 Anschließend im Ofen auskühlen lassen und erst abgekühlt anschneiden.

TIPP

Achten Sie beim Kauf von fettarmem Frischkäse auf die Zutatenliste. Geeignete Hersteller sind beispielsweise Arla oder Buko Balance, da sie keine Zusatzstoffe verwenden.

Heidelbeer-Vanilleauflauf

Für 4 Portionen

Zubereitungszeit: 5 Minuten
Backzeit: 35 Minuten

Eine Portion enthält:

254 kcal (1063 kJ)	5 g Fett
21 g Eiweiß	30 g Kohlenhydrate

Zutaten

- 4 Eier
- 100 g Erythrit oder Vollrohrzucker
- 500 g Magerquark
- 2 Pck. Vanillepuddingpulver
- 1 Bio-Zitrone
- 250 g Heidelbeeren (frisch oder TK)

Zubereitung

1 Den Backofen auf 200 °C (Umluft) vorheizen.

2 Eier aufschlagen und mit Zucker, Quark und Puddingpulver vermengen, Zitronenschale reiben und alles mit einem Handrührgerät mixen.

3 Die Hälfte der Teigmasse in eine Auflaufform geben, anschließend die Heidelbeeren darauf verteilen und den restlichen Teig einfüllen. Den Auflauf für 35 Minuten in den Backofen stellen.

TIPP

Sie können Erythrit und Vollrohrzucker auch mischen, so sparen Sie sich die Hälfte der Kalorien aus dem Zucker.

Schneller Kokos-Tassenkuchen

Für 4 Tassen

Zubereitungszeit: 5 Minuten
Mikrowelle: 2 Minuten

Eine Portion enthält:

307 kcal (1284 kJ)	25 g Fett
16 g Eiweiß	3 g Kohlenhydrate

Zutaten

- 120 g Magerquark
- 100 g gemahlene Mandeln
- 50 g Kokosraspeln
- 4 Eier
- 4 EL Erythrit oder Vollrohrzucker
- 2 TL Backpulver
- 2 Tropfen Bittermandelaroma

Zubereitung

Alle Zutaten in eine Schüssel geben und mit einem Handrührgerät vermengen. In vier kleine Tassen füllen und bei höchster Stufe für 2 Minuten in der Mikrowelle backen.

Protein-Vanillepfannkuchen

Für 4 Portionen

Zubereitungszeit: 30 Minuten

Eine Portion enthält:

368 kcal (1540 kJ)	15 g Fett
24 g Eiweiß	33 g Kohlenhydrate

Zutaten

- 160 g blütenzarte Haferflocken
- 400 g Magerquark
- 100 ml Milch, 1,5 % Fett
- 4 Eier
- 2 TL Honig
- 1 TL Backpulver
- 1 Msp. Vanilleextrakt
- 2 EL Rapsöl

Zubereitung

1 Die Haferflocken in einem Mixer fein mahlen und anschließend mit den restlichen Zutaten bis auf das Öl in eine Schüssel geben. Mit einem Handrührgerät vermengen und 5 Minuten quellen lassen.

2 Das Öl in einer beschichteten Pfanne erhitzen, mit einer Kelle kleine Mengen des Teigs hineingeben und von beiden Seiten für jeweils 3 Minuten ausbacken.

Kokos-Aprikosen-Kuchen

Für 1 kleines Blech

Zubereitungszeit: 20 Minuten
Backzeit: 30 Minuten

Eine Portion enthält:

234 kcal (979 kJ)	23 g Fett
10 g Eiweiß	11 g Kohlenhydrate

Zutaten

- 250 g Magerquark
- 200 g Dinkelmehl, Type 630
- 100 g Kokosmehl
- 100 g Erythrit oder Vollrohrzucker
- 60 g Kokosöl
- 2 Eier
- 2 TL Backpulver
- 500 g Aprikosen

Zubereitung

1 Den Ofen auf 180 °C (Umluft) vorheizen.

2 Alle Zutaten bis auf die Aprikosen in eine Schüssel geben und mit einem Handrührgerät vermengen. Anschließend mit den Händen kneten und auf ein Backblech geben.

3 Aprikosen halbieren und gleichmäßig auf dem Kuchen verteilen. Für 30 Minuten in den Backofen stellen.

Beereneis mit Frischkäsecreme

Für 4 Portionen

Zubereitungszeit: 15 Minuten

Eine Portion enthält:

271 kcal (1134 kJ)	15 g Fett
8 g Eiweiß	24 g Kohlenhydrate

Zutaten

- 320 g Beerenmischung (TK)
- 1 Bio-Zitrone
- 3 EL Honig
- 2 EL Kokosraspeln
- 200 g Frischkäse (vollfett, Natur)
- 370 ml Milch, 1,5 % Fett

Zubereitung

1 Die Beeren mit 1 EL Zitronensaft und 2 EL Honig in eine hohe Schüssel geben und mit einem Pürierstab mixen, anschließend für 15 Minuten ins Gefrierfach stellen

2 Die Kokosraspeln in einer beschichteten Pfanne ohne Fett anrösten, anschließend mit dem Frischkäse sowie 1 TL Abrieb der Zitronenschale, 1 EL Honig und der Milch vermengen.

3 Die Kokoscreme auf einem Teller mit dem Beereneis anrichten und servieren.

Möhren-Mandel-Kuchen

Für 1 Kastenform

Zubereitungszeit: 10 Minuten
Backzeit: 30 Minuten

Eine Portion enthält:

142 kcal (979 kJ)	8 g Fett
10 g Eiweiß	7 g Kohlenhydrate

Zutaten

- 60 g blütenzarte Haferflocken
- 240 g Möhren
- 100 g Erythrit oder Vollrohrzucker
- 60 g gemahlene Mandeln
- 40 g Eiweißpulver (Natur)
- 4 Eier
- 2 TL Backpulver
- 2 TL Backkakao
- Zimt
- Lebkuchengewürz

Zubereitung

1 Den Backofen auf 180 °C (Umluft) vorheizen.

2 Die Haferflocken fein mahlen und in eine Schüssel geben. Möhren in die Schüssel raspeln, die restlichen Zutaten hinzugeben und mit einem Handrührgerät vermengen.

3 Eine Kastenform mit Backpapier auslegen und den Teig einfüllen, anschließend für 30 Minuten in den Backofen stellen.

Proteinplunder mit Beeren

Für 4 Portionen

Zubereitungszeit: 30 Minuten
Backzeit: 20 Minuten

Eine Portion enthält:

233 kcal (975 kJ)	7 g Fett
11 g Eiweiß	30 g Kohlenhydrate

Zutaten

- 1 Ei
- 60 g Dinkelmehl, Type 630
- 180 g Magerquark
- 1 Msp. Vanilleextrakt
- 3 EL Erythrit oder Vollrohrzucker
- 200 g frische Beeren, z. B. Heidelbeeren, Brombeeren, Himbeeren
- 40 g Mandelstifte

Zubereitung

1 Den Backofen auf 180 °C (Umluft) vorheizen.

2 Das Ei trennen und das Eiweiß aufschlagen. Das Eigelb mit Mehl, Quark, Vanilleextrakt und Zucker in eine Schüssel geben und mit einem Handrührgerät vermengen.

3 Das Eiweiß unter den Teig heben und vier Teigkleckse auf einem mit Backpapier ausgelegten Backblech verteilen.

4 Die Beeren und die Mandelstifte auf die Plunder geben und alles für 20 Minuten in den Backofen stellen.

Kleine Haferrolle mit Himbeer-Vanillecreme

Für 4 Stück

Zubereitungszeit: 20 Minuten
Backzeit: 15 Minuten

Eine Portion enthält:

208 kcal (870 kJ)	4 g Fett
16 g Eiweiß	26 g Kohlenhydrate

Zutaten

Für den Teig:

- 2 Eier
- 60 g Magerquark
- 40 g blütenzarte Haferflocken
- 10 g Dinkelmehl, Type 630
- 50 ml Wasser
- 1 EL Erythrit oder Vollrohrzucker

Für die Füllung:

- 200 g Himbeeren (TK)
- 250 g Magerquark
- 2 EL Erythrit oder Vollrohrzucker
- 1 Msp. Vanillemark

Zubereitung

1 Den Backofen auf 160 °C (Umluft) vorheizen. Die Eier trennen und das Eiweiß steif schlagen.

2 Die restlichen Zutaten für den Teig mitsamt dem Eigelb mit einem Handrührgerät vermengen, dann das Eiweiß sanft unterheben.

3 Die Masse auf einem mit Backpapier ausgelegten Backblech dünn verstreichen und 15 Minuten in den Backofen stellen.

4 Die Himbeeren mit Quark, Zucker und Vanillemark in einer Schüssel aufschlagen.

5 Den Teig aus dem Ofen nehmen, mit einem Küchentuch vorsichtig zu einer Rolle drehen und 15 Minuten abkühlen lassen.

6 Anschließend wieder ausrollen, die Himbeercreme darauf verteilen und erneut einrollen. Die Rolle in vier Stücke schneiden und servieren.

Kidneybrownies mit Walnüssen

Für 12 Brownies

Zubereitungszeit: 10 Minuten
Backzeit: 30 Minuten

Eine Portion enthält:

163 kcal (682 kJ)	8 g Fett
6 g Eiweiß	14 g Kohlenhydrate

Zutaten

- 1 Dose (255 g) Kidneybohnen
- 3 Eier
- 1 Pck. Backpulver
- 1 reife Banane
- 2 EL Rapsöl
- 1 EL Chiasamen
- 3 EL Backkakao
- 3 EL Vollrohrzucker oder Erythrit
- 50 g Zartbitterschokolade
- 30 g gehackte Walnüsse

Zubereitung

1 Den Backofen auf 180 °C (Umluft) vorheizen.

2 Die Kidneybohnen abgießen und in einem Sieb unter laufendem Wasser gründlich abspülen. Anschließend mit Eiern, Backpulver, der Banane sowie Öl, Chiasamen, Backkakao und Zucker in eine Schüssel geben und mit einem Pürierstab mixen.

3 Schokolade und Walnüsse hacken und unterheben. Eine Auflaufform mit Backpapier auslegen, den Teig darin gleichmäßig verteilen und anschließend für 30 Minuten in den Backofen stellen.

4 Auskühlen lassen und in zwölf quadratische Stücke schneiden.

Rezeptregister

HIGH-PROTEIN-FRÜHSTÜCK 36

HIGH-PROTEIN-DIPS UND -AUFSTRICHE 53

HIGH-PROTEIN-REZEPTE VEGETARISCH 63

Bibliografische Information der Deutschen Nationalbibliothek
Die Deutsche Nationalbibliothek verzeichnet diese Publikation in der deutschen Nationalbibliografie; detaillierte bibliografische Daten sind im Internet über http://dnb.ddb.de/ abrufbar.

ISBN 78-3-8426-2947-9 (Print)
ISBN 978-3-8426-2948-6 (PDF)
ISBN 978-3-8426-2949-3 (EPUB)

Fotos:
GettyImages – Sarka Babicka: Titelmotiv, S. 85, 168
Stock.adobe.com: HandmadePictures: 1; A_Lein: 2/3, 115, 135, 147, 159, 161; anna_shepulova: 4, 38; tbralnina: 6/7; Sonja: 26; ricka_kinamoto: 31; chandlervid85: 34/35, 55; Natasha Breen: 37; Kanea: 39; FuzullHanum: 41; Voltan: 43; jeny_lk: 44; Nataliia Sirobaba: 45; zoryanchik: 46; M.studio: 47; Yevgeniya Shal: 49; emmi: 50; Corinna Haselmayer: 51; FFCucina Liz Collet: 53; gitusik: 54; Yulia Furman: 57; Natalia Mylova: 59; petrrgoskov: 61; kriina2000: 65; annapustynnikova: 68; vaaseenaa: 71; stockcreations: 73; M.Schoeffler: 77; LIUCHENCHIA: 79; mythja: 83; FOOD-micro: 87 Eva Gruendemann: 89; sablinstanislav: 90; yuliakotina: 95; azurite: 101; Barbara Pheby: 107; JESSICA MORFIS: 109; Natasha Breen: 113; Irina: 117; Carina Ott: 125; Kati Neudert: 133; Marius Stark: 137; H.LEITNER: 141; Martin Willmann; 148; kab-vision: 150; Kerstin: 151; Doris Heinrichs: 155; Yevgeniya Shal: 157; Joern Rynio: 163; Sergey: 165
Martina Amon: 5

2. Auflage

Die Ratgebermarke der Schlütersche Fachmedien GmbH
Hans-Böckler-Allee 7, 30173 Hannover
www.humboldt.de
www.schluetersche.de

Lektorat: Meike Key, Rueil-Malmaison, Frankreich
Layout: Groothuis, Lohfert, Consorten, Hamburg
Covergestaltung: Zero, München
Satz: Die Feder · Werbeagentur GmbH, Wetzlar
Druck und Bindung: Gutenberg Beuys Feindruckerei GmbH, Langenhagen